紫荆绽放

董建华

時 代 巨 擘

他們眼中的香港二十年

紫荊出版社

▲ 1997 年 7 月 1 日舉行的香港交接儀式。

◀ 1998 年，國家主席江澤民為位於赤鱲角的新香港國際機場主持開幕禮，為紀念牌匾揭幕。旁為行政長官董建華及機場管理局主席黃保欣。

▲ 1998 年 8 月 28 日，恆指期貨合約結算日，港股締造傳奇的一天。在中央政府強大支持下，特區政府在「金融保衛戰」中獲勝。

◀ 1999 年，中央政府贈予香港特別行政區一對大熊貓作為禮物。圖片為吳儀及董建華在大熊貓園內參觀，目睹大熊貓在新環境中愉快生活。

▲ 2000 年 12 月 1 日，香港開始實行強制性公積金計劃。除豁免人士外，18 歲至 65 歲的他僱及自僱人員必須參加，至少抽取每月收入的 5% 加入基金投資，作為退休保障。

▲ 2001 年 5 月 17 日，香港中央圖書館落成啟用，是港人閱讀生活中的一件盛事。毗鄰維園的中央圖書館，樓高 12 層，擁有 2,000 多個座位，館藏書量 230 餘萬冊。

◀ 2002 年，時任行政長官董建華主導的「高官問責制」，揭開了特區行政體制改革的歷史一頁。圖為時任行政長官董建華出席立法會介紹政府實施主要官員問責制方案。

▲ 2003 年，香港遭遇非典，經濟受到了重創。同年，內地開放赴港自由行。10 多年來，自由行對促進香港經濟的發展、擴大當地就業、推進兩地民眾的交流發揮了不可替代的作用。

▲ 2003 年，香港萬眾一心抗擊非典，圖為溫家寶總理及行政長官董建華出席表揚醫護及各界成功克服非典型肺炎聚會時合照。

◀ 2004 年，內地與香港關於建立更緊密經貿關係的安排（CEPA）下首批獲得零關稅的香港貨品於 1 月 7 日經落馬洲管制站進口內地，圖示運載該批貨品的貨車司機於落馬洲管制站向香港海關人員遞交艙單。

▲ 2006 年，曾任香港特區政府衛生署長的陳馮富珍，經中國政府提名，獲選世界衛生組織總幹事。中國人第一次在聯合國機構中擔任最高負責人職位。

▲ 2005，香港迪士尼樂園在大嶼山開幕。圖為「神舟六號」載人航天飛行代表團參觀香港迪士尼樂園時，航天員費俊龍及聶海勝及米奇老鼠在開篷車上與遊客揮手。

▲ 2009 年，東亞運動會在香港舉行，開幕禮上，煙花璀璨。

▲ 2007 年，香港回歸 10 周年，時任國家主席胡錦濤出席深圳灣口岸開通儀式，與工作人員親切交談。

▲ 2008 年，萬眾矚目的北京奧運會馬術比賽在香港成功舉辦。

◀ 2009 年 10 月 1 日，晚 8 時整，維多利亞港上空煙花絢爛，禮炮聲聲、歡呼陣陣。年輕的香港特別行政區，以這般華麗而真誠的方式，表達著對祖國母親 60 壽辰的祝福。

▲ 2011 年 3 月，中央公佈「十二五」規劃綱要，港澳部分首次單獨成章。圖為國務院副總理李克強在國家「十二五」規劃與兩地經貿金融合作發展論壇上發表以「協力求發展　合作促繁榮」為題的主題演講。

▲ 2010 年，《最低工資條例》在香港立法會三讀通過。

▲ 2012 年，在金紫荊廣場舉行的慶祝香港回歸十五周年升旗儀式上，政府飛行服務隊在空中敬禮，慶祝特區成立十五周年。

▲ 2013 年，啟德郵輪碼頭首座泊位啟用。

▲ 2013 年 5 月，特區政府將最低時薪從 28 港元提高至 30 港元，使大約 21 萬基層打工仔受惠。

▲ 2014 年，中國證監會與香港證監會發布聯合公告，批准上海證券交易所、香港聯合交易所以及雙方的結算機構正式啟動滬港通股票交易互聯互通機制試點，滬港通下的股票交易於 11 月 17 日開始。圖為行政長官梁振英主持「滬港通」開通儀式。

▲ 2016 年，深港通開通。這是繼滬港通於 2014 年 11 月推出以來的另一舉措。兩項計劃均展現出香港在「一國兩制」下及作為中國國際金融中心的綜合優勢。

◀ 2017 年 6 月 29 日，國家主席習近平乘專機抵達香港，出席於 7 月 1 日舉行的慶祝香港回歸祖國 20 周年大會暨香港特別行政區第五屆政府就職典禮並視察香港。視察期間，習近平主席在香港西九龍文化區出席《興建香港故宮文化博物館合作協議》簽署儀式。在簽署儀式前，習近平主席觀看了兩名兒童演唱粵劇選段。

▲ 2017 年 7 月 1 日，國家主席習近平出席慶祝香港回歸祖國 20 周年大會暨香港特別行政區第五屆政府就職典禮。圖為國家主席習近平（右一）在香港會議展覽中心舉行的香港特別行政區第五屆政府就職典禮上，為香港特別行政區第五屆政府主要官員監誓。旁為行政長官林鄭月娥（右二）。

目錄

（按姓氏筆畫排序）

方潤華
上善若水　博愛無疆

> **本著博愛的精神，只求耕耘，不問回報，**
> **但求心之所安，盡其在我，並不因善小而不為。**

　　方潤華，為現任協成行集團主席、方樹福堂基金主席、方潤華基金主席，以及香港中旅國際投資有限公司獨立非執行董事等。廣東東莞人，1927 年隨父來港，1948 年創立協成行，後來父子洞悉先機涉足地產業，為家族事業奠定基礎。方潤華秉承其家族樂善好施的精神，不遺餘力促進內地及香港的教育發展，善心廣布，備受香港及國際推崇，除獲得多個國家及學術機構頒予名譽博士學位及名譽市民獎之外，亦獲頒授銀紫荊星章，更與妻子同獲國際小行星組織將兩顆小行星以他們的姓名命名。夫婦同獲命名，在中國屬首例。

文：王蘇

人生在世，有所為有所不為；可以平凡，但不能平庸；自己心靈富足才能感受生活喜悅；自己心地善良才能感知社會美好，感悟生命壯觀。

▲ 方潤華

對於 92 歲高齡的方潤華來說，生命意義在於過往的 60 多年都在興教助學、安老扶幼、施醫濟殘、賑災扶貧。他低調而樸實、真誠而嚴謹，一直在默默地奉獻。

作為香港著名愛國企業家、慈善家，方潤華長期關注內地教育和扶貧事業，捐助項目逾 500 個，善款逾 5 億元。

沿著方潤華大半生致力推動教育事業的軌跡，不難發現支撐方潤華樂此不疲奔走的，是一種難能可貴的信念。

扎根香港　建基立業

1924 年生於東莞東源藍口鎮的方潤華，1927 年隨其父方樹泉來到香港。1934 年，其父開始從事由內地進口芝麻、桂皮等經洋行出口美國之貿易，但日佔時期其父之銀行賬戶無故被凍結、貨款被封，生意大受打擊，方潤華不得不輟學隨父經商，工作期間屢遭日軍侮辱、欺凌……

戰亂時期難民如潮，方樹泉每天派粥及物資濟貧，更不忘教誨兒子，要多做善事，此舉早在方潤華的心中播下了慈善的種子。

1948 年，方潤華用父親給他的 2 萬元港幣在中環創立「協成行」，經營直接出口貿易。踏入 50 年代，適逢朝鮮戰爭爆發，聯合國對華禁運，導致香港經濟急劇轉型，方家生意大受影響，但他們沒有氣餒，而是更加積極進取、努力拓展業務。到了 1953 年，「協成行」已成為本港最大的桂皮出口商了。

同時，方氏父子亦洞悉先機，開始涉足地產及建築業，把出口生意所賺得的第一桶金陸續以「50/50」合股的方式購置房產、地皮。隨著香港經濟起飛，方氏家族所購房地產價值大幅攀升，為方家帶來極可觀的收益。

此後，方潤華順應時勢積極擴充地產業務，高峰時發展地產項目更多達近百個，並確立「出售住宅單位，保留地舖出租」之長期發展策略。他配合集團一貫堅守的穩健原則，為家族事業奠定基礎。

隨著香港金融業發展，「協成行」把握機遇，與各知名華資地產企業於1972年同期掛牌上市，每股作價1元，集資共2,500萬元。後為方便把資金撥捐基金行善，於1989年將集團私有化，以每股15元價格收購市面流通的股份。

上世紀60至70年代，該公司由諸位方家人協理，至1993年方潤華幼子方文雄由美國回港發展，才逐步接手管理「協成行」；2012年其孫方添輝亦學成後，加入公司實習，負責酒店有關的項目。方氏家族後繼有人，公司發展與時並進。集數代人的努力，「協成行」扎根香港近70載，成為房地產發展、投資、租賃及酒店等多元化之集團公司，業務不斷壯大，更上一層樓。

扶貧興教建基金會

「我們家族成立方樹福堂基金和方潤華基金會，兩者均以教育為主要目的。由於家父年少時沒有機會到中學讀書，而我自己亦因戰亂於初中後被迫放棄學業，因此家父與我自己的心願均希望可從教育方面去幫助其他人的子弟，幫助他們成才。」方潤華在接受筆者專訪時一語道出數十年來致力扶貧助學的緣由，父親樂善好施之作風對其影響和啟發亦至關重要。

▲ 2006 年，方潤華向香港大學李嘉誠醫學院捐出 500 萬善款。

　　因戰亂而輟學的方潤華，似乎視「讀書少」為人生之最大遺憾，但他卻囊括了多家大學的名譽顧問、榮譽博士，多個不同城市的榮譽市民，還有香港中文大學頒授的榮譽社會科學博士學位，不知可否一解他認為自己「讀書少」的遺憾呢！

　　採訪過程中，方潤華將王羲之的碑帖《懷仁集王羲之書聖教序》中的一頁展示給筆者看，帖上他用紅筆分別勾勒出三個字「方潤華」，竟巧合地躍然紙上，他打趣說祖父及父親為他起名時，就是讓他要「滋潤中華」。

　　早於 1977 年方潤華已與其父共同創辦非牟利慈善機構「方樹福堂基金會」，再於 1986 年成立「方潤華基金會」。「我們遂將公司每年所賺取的利潤之 10% 撥入基金會，捐獻作慈善用途。這些錢不能隨便私自動用，這個基金將會一代代地傳下去，作為支援教育事業的經費。我希望我的兒孫亦有同樣的志向，就如愚公移山的堅毅精神，延續不斷。」

　　基金會更著重於內地興教助學、扶貧濟困，迄今已捐建從幼稚園到大學

▲ 2005 年 5 月 5 日，方潤華於嶺南大學「方潤華管理學講座教授」支票移交儀式上留影。

之教育項目共 500 餘個，遍布全國 31 個省、市、自治區。

　　近年隨著祖國教育事業日益完善，基金會已逐漸將捐資重點轉移到支持醫療發展方面，除了捐建鄉鎮衛生院共 51 所外，亦選擇優質高校資助醫療教研項目，研究防治癌症、乙肝、糖尿病等常見都市病，推動中西醫結合治療，造福人類健康。

　　祖國改革開放初期，方潤華首先在家鄉捐建東莞理工學院教學樓、方樹泉醫院、方樹泉工業培訓中心、青少年活動中心等項目，並先後在四川、甘肅、青海、新疆等地區的偏僻村落捐建以方氏家族命名的小學。其後，還在全國近百所高等學府各捐建一座「樹華電子智源中心」，每個中心配備上百台電腦，讓當代大學生和高校教師及時掌握世界科技前沿動態。並先後在西昌、酒泉衛星發射中心捐建文教項目及南京紫金山天文台捐助科學研究，支持祖國科教事業的發展。

　　歷年來，方潤華繼承其先父──方樹泉老先生的遺願，為社會福利多行

義舉，積德行善，始終如一。

翻開方樹福堂基金會及方潤華基金會捐資國內教育項目一覽表，密密麻麻排列著一行行捐款項目和金額，令人感歎不已。所捐款的項目包括 120 多所希望小學、32 所希望工程模式之中學。同時，還在北京大學、清華大學、浙江大學等共 100 多所著名高等學府分別捐建了電腦中心、教學樓、講堂等教育設施，並在部分大學設立「獎教獎學金」。

前中國科學院院長路甬祥，曾在該基金捐資中科院古脊椎動物與古人類研究所「樹華古人類展覽館」捐資儀式上高度讚揚方潤華先生為國家教育和科技事業一如既往地慷慨解囊，以及其智而不驕、富而不華、愛國摯誠的為人及謙遜品性。

用方潤華自己的話來概括：「我們的出發點，就是有了一顆愛國、愛同胞、愛香港的心，盡中國人的責任，本著博愛的精神，只求耕耘，不問回報，但求心之所安，盡其在我，並不因善小而不為。」一片赤誠溢於言表。

在身體力行捐資興學育才的同時，方潤華還向香港富豪呼籲多捐錢做善事，支持「希望工程」，讓失學兒童重返校園。他説：「支持教育是一項長遠事業，現在播下種子，日後總會開花結果。教育的影響跨越世世代代。」

躬耕不止助人樂

對於基金會的工作，方潤華事事親力親為，經常向各方寄贈許多剪報、贈言和小冊子，內容包括治學、成才、健康、益智、科技小發明等許多資訊。他喜歡以文會友，常透過各國學者、朋友與世界各國政要、名人通信，竭力介紹中國文化，並聽取他們的意見。美國前總統卡特、列根，甚至波蘭前總統華里沙都曾是他的筆友。辦公室掛滿他與商政名人的合照。

▲ 2001年3月29日，於「東華三院方樹泉社會服務大樓」開幕禮上與時任特首董建華等合影。

　　他每日都親力親為寄出約 10 多封信往各地學校，一年就有數千封，每封信附上他親筆書寫的勉勵話，再將每晚必閱的 4、5 份報紙中有關教育、醫療、科技、品德的報道剪下一併寄上，做到這地步的，在香港富人圈中，絕無僅有。

　　筆者記起有一次隨方潤華赴內地採訪完畢，他還親筆上書「智勇勤誠」四字送贈筆者。而此次專程拜訪，見到方潤華慈善基金會保存的資料中還留有筆者的名冊，作為媒體人真為他用心勵志、至纖至細、親力親為的作風感懷不已。

　　在上海同濟大學校園裡，筆者曾於採訪中見到由方潤華捐建的「樹華電子智源中心」的牆壁上懸掛著的格言：「我不如人要勤奮，人不如我要謙虛」，這一富有哲理性的警句，原來是方潤華寄予該校校長，校長再將之呈現展出讓廣大師生受益的。

每到一所學校，他總愛走進青年學生中，給他們分贈小紙片，上書勉勵勸進的人生感言，教育學生愛國愛鄉、造福社會。

最令他感欣慰的莫過於不斷收到學生答謝他栽培自己的信件，尤其是見到自己幫助過的學生學有所成，他從心底感到寬慰。殊不知，原北京大學校長陳佳洱於 30 多年前就是方潤華經楊振寧教授育才基金會資助到美國深造的其中一位呢！

回歸 20 年撰文感懷

在香港經濟日報集團刊物《智富雜誌》上，方潤華的專欄文章《慶回歸 話感恩》中表述說：「今年 7 月 1 日是香港回歸祖國 20 周年之十分有意義的日子，俗語道：飲水思源，乘涼不忘種樹人。香港今天能發展成為『東方之珠』、國際金融中心之一，我們不能忘記過往所有對香港作過重大貢獻之人士，緬懷歷史，思緒起伏，如果沒有中國幾代領導人的高瞻遠矚、雄才大略，香港不可能有今天……。」

他在文中指出：「撫今追昔，港人應該感恩。回歸 20 年，每當我們遇到困難之際，祖國都會大力扶持，2003 年『沙士』（SARS）期間，本港零售、旅遊、餐飲等行業陷入低潮，中央及時推出『自由行』，簽署《內地與香港關於建立更緊密經貿關係的安排》（CEPA）文件加強粵港合作等一系列措施，促進香港經濟復甦，走出困境；同時市民日常生活中的必需品，例如蔬菜、水果、肉類和飲用水等，都是內地優先保質保量供港，大家應珍惜這來之不易的幸福。……大家應凝聚眾力，匯合眾智，貫徹落實『一國兩制』，促進香港穩定與繁榮。大家應齊心協力，把港澳建設成為更美好的國際大都會，譜寫更光輝的歷史。」

方潤華 上善若水 博愛無疆

對於香港推行的大灣區規劃，方潤華表示，這可令香港搭上中國經濟快速發展這趟「順風車」，大灣區經濟帶動創新，推動「一帶一路」倡議的實施，是繼美國「紐約大灣區」、「三藩市大灣區」、日本「東京大灣區」之後，世界第四個灣區，意義重大，是中國繼續改革開放，不斷國際化之大事。依照過往歷史，「灣區經濟」之所以能成為帶動全球創新經濟增長和技術變革的領頭羊，得益於精英人才薈萃及國際的投入。灣區發展機不可失。「粵港澳大灣區」之興建，類似60年前加州之「硅谷」，是諸多最新科技的發源地。「硅谷」之所以能成為世界科技重鎮，主要因為加州有柏克萊大學、斯坦福大學、加州理工大學等高等院校，培育出許多理科及數學人才，這些專才是開拓創新、科技興國的重要關鍵。因此，只有科教得以配合，才能成功激發人才活力，發揮人才作用，也才收到將科研轉化為生產力的效果，達到強國之目的。

他提議，粵港兩地的大學，院校可效法加州之經驗，加快培訓理科及數學方面的人才，以增加成功的機會。他稱：「30餘年前的深圳、10多年前的浦東是一種啟示，10餘年後的前海，亦將成為世界金融、服務的排頭兵。」「粵港澳大灣區」發展規劃中，本港和區內其他城市一樣佔有重要席位，可見國家對特區政府的重視。

他坦言，近年來香港社會政治爭拗不斷，立法會內「拉布」不止，許多有利發展經濟、改善民生的提案及撥款得不到通過，拖慢了香港的發展步伐。若長此內耗下去，恐有被周邊城市趕上、拋離之虞……百年大計雙贏時機，深、港兩地的合作將會日趨緊密，隨著未來高鐵的開通，市民北上工作、旅遊、消遣，甚至看病將更便捷。

他說：「年前由深圳政府全額投資之港大深圳醫院，便是個很好的例子。

該院借助國際化的診療模式和香港專家的醫術水準，為廣大市民提供優質醫療服務。」鑑於近年癌症患者人數有不斷上升之勢，該院擬加強「臨床腫瘤放療中心」，添置相關設備醫治患者。方潤華基金已決定為該院捐助 2,900 萬人民幣，冀望為治病救人出一分力。

他認為，這個百年大計對於粵港澳三個區域必將帶來好時機、好前程，可令三地財源收穫達到雙贏。香港應抓住這個黃金機會，與各大學協調，努力培育人才；他冀望各界萬眾一心，背靠祖國、面向世界，同心協力、集思廣益，為粵港兩地長遠發展謀福祉，參與並譜寫中華民族輝煌之千年大計。

日前，他為慶賀「一帶一路」國際合作高峰論壇順利召開而賦詩一首：「『一帶一路』順利啟動，卅國參加踴躍響應；萬里豪情十億歡迎，百年大計千秋宏圖；同心同德光榮歷史，太平盛世大同美夢。」

生命之樹總常青

方潤華處事低調，總是笑容滿面、謙恭有禮。穿著樸實無華，雖滿頭鶴髮，卻不以為老，「我不認為自己老，我的心還年輕。跟年輕人在一起，開心快樂」。

他每天手不釋卷，一如既往地堅持讀書、看報 2 個小時以上，並把報刊精華剪輯下來，書寫感想，傳遞資訊，一本書裡夾著比內容更多的剪報和筆記，這是他堅持為自己定下的「必做功課」。

方潤華常常在送給大學生的紙片上，一面寫著「勤學鑽研，勵志向前」，另一面則寫「勇於改革，敢於創新，科技發展，與時並進，做 21 世紀模範青少年」。落款是「方潤華‧譚遠良」，還註有「歡迎影印給你們的同學共勉」的字樣。

▲ 2004 年 9 月，方潤華於「中國特困大學生關愛行動」香港啟動儀式上發言。

　　一個捐資數以億計的富豪，一張紙兩面用，勤儉持家，愛惜資源，嘉言善舉滲透著方潤華夫婦關心青少年成長的拳拳愛心。

　　方潤華，沒有半點架子、待人親切、體格硬朗，說話時泰然自若，笑聲朗如洪鐘。他老懷欣慰地說，與太太結婚，8 個兒女各有所成，現在兒孫滿堂，樂也融融，尤其在慶祝結婚紀念那天，大家庭的天倫之樂更是賞心悅目、溫暖怡人，他感念一生中最大的滿足來自幸福的家庭。

　　2005 年 6 月，深水灣鄉村俱樂部舉辦了一場盛大的方潤華與譚遠良伉儷鑽婚慶典晚宴，赴宴嘉賓，除了來自本港及海內外的親友，還有大批來自教育界的朋友，包括國內外 30 多所大專院校負責人，齊聚一堂，為這對老人幸福充實的世紀良緣熱烈鼓掌、喝彩。當天方潤華在慶典上宣布：將把晚宴收到的禮金全部捐獻給中國扶貧基金會，用於資助貧困地區的 130 名特困大學生。他的這一舉動，當堂引起掌聲雷動。

　　方潤華的愛國愛港精神及其赤誠奉獻，得到了社會廣泛的讚譽，乃實至

名歸。方潤華常感言：世界上沒有永恆的生命，但有永恆的愛心。付出愛心，關懷別人，幫助別人，別人會感謝你，這種懷德謝恩超越了時空和地域，千秋萬代銘記在人們心中，達至永恆。

在方潤華辦公室裡，高掛著一幅夫人的遺像，他伏坐在案前與她溝通著，懷想著……高唱生命永恆之歌，人的生命真諦就此昇華了。世間事物雖日新月異，但終會煙消雲散，只有永恆的價值才將在冥冥中細水長流，跨越千萬年。

他還說：人的一生幾十年，是有限的。多做善事、好事，內心感到寬慰，人也覺得越活越年輕。

採訪時，筆者跟隨著方潤華，窺視他的生命軌跡，頗有感受：一個人擁有生活的品質，和一個人擁有多少財富沒有必然關係。它取決於一個人的精神狀態和行為方式，取決於一個人和社會群體的關係。

筆者離開方潤華辦公室，老人家感謝筆者訪問之餘，同時提醒要寫得低調、平實一點。回望備受景仰的老人，筆者只想祝福他保重身體，待書出版後再行探訪。

踏出他的辦公室，筆者多了份感慨，一屋子的獎章、獎牌、獎狀都在記錄著德高望重的方潤華，他一生都在影響著周圍無數人，他們每一位對方潤華心存的尊重、敬意，都是被他助人為樂、超群絕倫的人格魅力所感染。

伍淑清
香港商界奇女子
巾幗何須讓鬚眉
——「001小姐」的家國情懷

伍淑清，香港太平紳士，銀紫荊星章獲得者。現任第十二屆全國政協常委，北京航空食品有限公司名譽董事長、上海東方航空食品有限公司副董事長、全球世界貿易中心協會終身名譽理事、香港各界婦女聯合協進會監察顧問。全國工商聯原副主席、香港中華青少年歷史文化教育基金原執行委員會主席。1980年5月1日，伍氏父女投資的北京航空食品有限公司正式獲得中國第一張中外合資證照，拉開了中國大量引進外資的序幕。此後伍淑清被親切稱作「001小姐」，並於1988年被選為香港「十大拿破崙商業奇才」。

文：許煜

> **愛國不是口號，是要付出代價的。**
> **不管「黑名單」還是「白名單」，**
> **我都無所謂，做好自己應該做的事就行。**

在藏龍臥虎的香港芸芸精英中，低調的伍淑清在港人的印象中也許就是「美心太子女」而已。儘管她 1978 年就入選「香港十大傑出青年」，1988年被選為香港「十大拿破崙商業奇才」。然而，在內地，這位 1980 年就獲得中國第一張（001 號）中外合資證照，被稱作「001 小姐」的北京航空食品有限公司名譽董事長，連續 30 年在全國政協參政議政的現任全國政協常委，在圈內可謂是耳熟能詳的人物了。

作為一名幾乎完整參與了中國改革開放歷程的親歷者，一名長期穿行於內地與香港之間的「空中飛人」，伍淑清早期曾在《大公報》撰寫過專欄——「穿梭集」，講述其在內地工作之切身體會，文筆頗為精彩。與筆者的對話，也自然從她的「001 號」中外合資證照說起了。

替父出征　摘取中外合資「第一牌」

1979 年鄧小平訪美後，中國政府決定開通中美直飛航班。但中美直飛航線上的配餐問題，卻一直卡住了中美直航談判的進程。當時中國剛剛啟動改革開放，內地還沒有專業生產國際航班配餐的設備和能力。美方要求很高，甚至建議中途經停日本，解決飛機配餐問題。中國民航局亦先後與日本、瑞士等航空公司協商過，但都因對方提出的條件苛刻甚至無理而擱淺。

據說當時最離譜的是準備提供配餐的日本航空公司，在談判中竟然要求北京機場給予優先升降權，就算別的飛機接載的是中國領導人，北京機場也要讓日本航空公司的飛機優先升降，否則便不給予中美直飛航班配餐。這個漠視中國主權的要求讓中方無法接受。最後，香港著名「西餅大王」、美心

▲ 1981 年，伍淑清於北京航空食品公司留影。

集團創始人之一伍沾德被推薦去對接這個項目。

　　其時作為伍沾德長女的伍淑清，已頭上頂著「美心太子女」和「女學霸」雙重光環在香港創業多年了。她畢業後曾赴日本，在父親承辦的大阪萬國博覽會香港館餐廳工作。後回港協助父親經營集團旗下的星光行的翠園及其他酒家，一接手便成功將其打造成遊客訪港必去餐廳之一。1976 年，她協助香港獲得世界貿易中心協會委員資格，香港由此與世界 75 萬家企業成為商業夥伴。年紀輕輕的伍淑清也因此成為中心的 16 位理事之一，並於 1978 年入選「香港十大傑出青年」。於是，替父出征前往內地洽談中美直飛航班配餐一事，便落在了伍淑清身上。

　　由於當時並未有港資進入內地的先例，內地相關部門不敢輕易為合資企業作批覆。談了幾次，雙方都願意合作，但都不知道具體怎麼合作。1979年 7 月，中國第一部《中外合資經營企業法》出台，雙方在此框架上繼續談。「雖然有了法，但合資企業還沒有先例，很多事情還是很難達成共識。」伍

淑清回憶道。

但她當時因多次往返香港與內地，已敏銳意識到內地改革開放的市場具有空前發展力。她建議父親，可以一邊著手籌備建工廠，一邊找人洽談，甚至先把工廠建起來後再談。對此，香港很多同行都認為她太冒進，有些原打算合作的夥伴甚至都退出了。

眼看中美直航時間就要進入倒計時，1979 年 9 月，時任中國民航總局局長沈圖繞道香港親自會見伍沾德：「老伍，大家都是中國人，能不能幫個忙啊？」他的意思是要伍家在沒有合同、沒有委託書的前提下，先自掏腰包籌集 500 萬元港幣購買設備，並從海外運往北京。

伍沾德是一位義氣之人，關鍵時刻，他選擇臨危受命自擔風險，用個人擔保投資方式與中國民航局合作生產民航配餐。伍淑清當然是堅決的支持者，她始終相信：中美直航是中國的一件大事，國家高層也肯定會關注合資興辦航空食品公司這件事。於是父女倆一拍即合，在沒有任何法律文字和授權書情況下，籌集 500 萬元港幣下訂單到國外購買設備。「我們當時並非為了賺錢，只是『捱義氣』幫國家做件好事。」

果然，不久國務院連續三次召集各有關部門會商此事，鄧小平也在得知消息後對此給予了肯定意見，甚至還關心美心會不會做牛角包？做的麵包會不會掉渣？原來他在法國留學時，吃過法國的牛角包，留下深刻印象，因此是否掉渣成了他評價麵包好壞的重要標準之一。後來，這些插曲被改編到 2014 年央視熱播電視劇《歷史轉折中的鄧小平》中，其中有一段鄧小平支援港商羅啟民與民航合作成立食品公司的故事。劇中港商羅啟民就是以香港企業家、美心食品創始人伍沾德為原型的。而劇中那位被鄧小平表揚「麵包不掉渣，很好」的女生，正是當年的伍淑清。

1980 年 4 月，有關部門終於為伍氏父女補發了在國家工商行政管理局

註冊編號為 001 的中外合資營業執照，並以此例作為參考，拉開了中國大量引進外資的序幕。1980 年 5 月 1 日，中國第一家中外合資企業北京航空食品有限公司正式掛牌營業。37 年過去了，從當時的日產中西餐 700 份，到如今的日均航空配餐近 10 萬份，伍氏父女發起成立的北京航空食品有限公司，對中國民航業的發展可謂是貢獻良多。伍淑清也因此被親切稱作「001 小姐」，成了活躍在內地與香港之間的「001 號聯繫人」。

時至 2016 年底，內地累計批准港資項目已經達到 39.8966 萬個，實際使用港資 9147.9 億美元，港資佔內地累計吸收境外投資總額的 51.7%。作為一名幾乎完整參與了改革開放歷程的親歷者，伍淑清這樣形容自己的角色轉變：過去像一名「輔導員」，幫內地企業引進資金、技術和理念，與國際接軌。現在更像一名「服務員」，配合內地企業發展要求，幫助他們在國際上爭取更好的市場和服務。

她十分認同香港「超級聯繫人」的定位，而她本人作為世界貿易中心協會（WTCA）終身名譽理事、世界貿易中心協會（香港）主席，已扮演中外「聯繫人」數十年之久。「截止到目前為止，國家正在推動的『一帶一路』建設沿線的 60 多個國家和地區中，至少 40 多個城市都有世界貿易中心協會會員，我們可以動員他們，幫助我們企業走出去，與當地市場接軌，協助國家『一帶一路』建設。」言語間還是「001 號聯繫人」角色。

家國情懷　傾情香港青少年教育

雖然伍淑清是全國兩會常客，但之前對她的採訪，基本都停留在兩會題材上，比如解讀政府工作報告、評論香港問題等等，並未深入了解她的過往。此次採訪前，翻閱了一些她的資料，並與她交談許久，才驚覺眼前這位香港商界奇女子，格局與情懷可謂是「巾幗不讓鬚眉」。這不得不從她的成長經

▲ 2006 年，出席香港浸會大學工商管理學院主辦的「年青行政人員培育計劃分享會」。

歷説起。

　　伍淑清 1948 年出生在香港，從小就被白手起家的父親培養出好強又低調的性格。在這樣的家教理念下，身為長女的伍淑清聰明懂事，毫無所謂富家千金的嬌氣與傲氣。雖在香港土生土長，但伍淑清的愛國情懷卻是從小就根植於心的。她兒時讀的意大利修會學校（現名為嘉諾撒聖心學校），一直有教學生中國歷史、中國古文。三年級時她就迷上孫中山和岳飛的故事，深受激勵。

　　在香港讀完中學，伍淑清前往美國學習工商管理專業，用 2 年半時間完成了 4 年的課程，所有功課都是「A」，成了當年學校第一個獲得「傑出學生」稱號的華人學生。在美就讀期間，她還成立中國同學會，組織活動介紹中華文化，在當地頗具影響力。「父親從小就教育我們，要做一個自覺的中國人。何謂『自覺的中國人』？我認為，堅定的民族身份認同，深刻的民族歷史把握，理性的民族精神認知，得宜的民族情感表達，就是自覺的最好闡釋。」

　　1978 年中國改革開放正式啟動，30 歲的伍淑清第一次跟隨新華社香港分社組織的港商團到內地考察。那次旅程由火車轉飛機再轉汽車，顛簸了十餘天時間，伍淑清深刻感受到內地的落後與匱乏，也敏銳意識到巨大的市場空間和發展潛力。因此，在主導中國第一家合資企業北京航空食品公司談判時，在協議尚未正式批准前，她極力支持父親自掏 500 萬港幣將所需設備從海外下單並啟運。等到批文正式下達時，伍淑清的設備已安裝好並差不多可以投入生產了。這種雷厲風行的作風與「一意孤行」的執著，最終為她創造了令業界矚目的商業奇跡。

　　然而，在上世紀 80 年代，伍淑清這種強烈的愛國情懷和行動也給她帶來了諸多不便：因不斷推動內地和香港交流，伍淑清上了港英政府「黑名單」，直至香港回歸前，很多政府機構都不敢邀請她擔任諮詢委員。「愛國不是口號，是要付出代價的。不過不管『黑名單』還是『白名單』，我都無所謂，做好自己應該做的事就行。」 伍淑清輕描淡寫一句帶過。

　　回歸後，常年穿梭在世界各地的伍淑清越來越感到：香港人心的回歸並不會隨著五星紅旗和紫荊花旗的一併飄揚而水到渠成。作為一名從小接受愛國教育成長起來的土生土長香港人，她非常擔心國民教育的缺失。如何讓香港青少年了解祖國文化歷史，培養他們的「愛國愛港」情懷，成了她一直思考的問題。

　　她毅然決定投身青少年教育，並先後出任過香港宋慶齡兒童基金會主席、香港聯合國兒童基金會「中國兒童周」主席、中國西藏兒童健康教育基金名譽顧問、香港中華青少年歷史文化教育基金執行委員會主席、中華基金中學校監等要職。由一名商界奇女子蛻變為一名出色的社會教育家，伍淑清笑言：如今營商已成副業，社會服務才是正職。

　　其實早在 1988 年，伍淑清就開始啟動內地與香港的教育培訓公益活動。

▲伍淑清出席 2017 年特區成立 20 周年的慶祝活動，中國航天員到訪中華基金中學分享會。

當年在她的倡議下，由宋慶齡基金會主辦的北京培華人才培訓中心正式成立。伍淑清作為宋慶齡基金會理事、香港宋慶齡兒童基金會主席，親自擔任了北京培華的理事長和香港培華教育基金會副主席。

1998 年初，在時任特首董建華的支持下，伍淑清成立了香港中華青少年歷史文化教育基金，擔任基金執行委員會的主席，以極大的精力和心血投入到工作中。她每年組織香港青少年到內地參觀學習，了解國家歷史，增進民族情懷，將愛國主義教育融匯於學習、參觀、實踐中，大大增進了香港青少年對祖國的歸屬感。不僅如此，她還積極鼓勵香港青年到內地創業，並為他們提供資金、思路和技術支援等。

截至目前，由她發起的這項活動，已有 100 多個香港交流團到過內地，受益學生達數萬人之眾。伍淑清自豪地説：隨著這些青年的不斷成長，已逐漸成為港人認知祖國的正能量。最早一批到內地交流的香港學生如今都 30 多歲了，他們當中有人做了老師，有人做了警員。到過內地後他們更認同自

伍淑清　香港商界奇女子　巾幗何須讓鬚眉

021

▲ 2010 年，伍淑清參與香港特區政府教育局舉辦之「薪火相傳 —— 國民教育活動系列訪京交流團」。

己的中國人身份，也非常尊重自己的國家。與其他沒到過內地的學生相比，家國理念的差別非常明顯。「幾萬個孩子，就是幾萬個家庭，幾萬棵支撐香港與內地相互了解、互相親和的小樹苗。堅持下去，未來就是一片森林。」

然而，香港上百萬青少年，每年能到內地的學生畢竟佔少數。很多香港人都沒到過內地，對內地的了解甚至完全陌生。於是，伍淑清不斷呼籲香港政府投入類似計劃，讓更多港生和港人有機會到內地參觀學習。經過她的不懈努力，以及國家多個部委的通力協作，最終推動香港特區政府於 2009 年成立「薪火相傳——中華文化探索與傳承」國民教育交流計劃，港府每年通過此計劃資助 37,500 個中學生到內地考察。其他社會團體也紛紛效仿，業已形成星星之火。伍淑清深感欣慰。

2000 年，伍淑清還在香港創辦了中華基金中學，實行普通話、英語雙語教學。她希望透過辦學，為教育界提供正面示範。「我們邀請內地各行業

時代巨擘 —— 他們眼中的香港二十年

專家學者如太空人、科學家等，到香港與教師和學生進行交流座談，讓他們真正產生民族自豪感和歸屬感。我們想培養更多在行動、態度和待人接物上都懂得愛國、懂得奉獻的一代人，要讓他們明白自己是『在香港長大的中國人』，不管在哪裡工作、生活，都不要忘記自己是中華民族的一份子。」同時，她還先後自費組織香港專家學者，編輯了適合香港青少年閱讀的歷史簡明讀物《國史百聞》、《香港百聞》等書籍，面向全港學生無償贈閱。這些讀物目前已成為香港青少年了解中國歷史的重要參考書。

在香港教育工作者培訓方面，伍淑清更是先知先覺。她認為，教師的傳道解惑會直接影響下一代的成長。「要先讓香港教育工作者對中國國情有全面真實的了解，對國家和民族有正確的認知和認同，才能正確和正面去引導學生。」她甚至建議在珠三角、上海和北京設立香港青少年長期實習基地，讓香港青少年能夠在內地連續生活、學習 3 至 6 個月以上，加強文化學習和民族認識，培養一批可以作為「香港與內地交流橋樑和紐帶」的社會精英。「另外，剛入職的年輕公務員也應該先到內地實習 3 個月時間，到各省市有關部門學習，了解香港與內地經濟緊密合作的真實情況。」

當筆者問及她對香港未來 20 年的展望時，伍淑清毫不掩飾：「任何時候，我對香港都有信心。但年輕一代的健康成長，才是香港未來發展的關鍵。如果政府能清醒意識到這一點，花 5 年時間理清思路，站在『十年樹木，百年樹人』高度上，對香港教育政策進行調整和規劃，恢復中史課程，加大經費投入，那麼香港 5 年後的未來 15 年，將會迎來又一次巨大發展。」

李祖澤
匠心傳承　築夢文脈

" 文化事業肩負的擔子很重，
確實要努力站在時代的前列，
才能將國家的中文出版事業做到最好，
才能真正無愧於子孫後代。 "

　　李祖澤，現任香港報業公會會長、珠海學院校董會副主席。生於廣東東莞，1952 年在香島中學畢業，及後投身出版界工作，曾先後任職於香港三聯書店、中華書局、商務印書館等書店及出版公司。1988 年擔任聯合出版（集團）有限公司董事長、總裁，1990 年兼任《香港商報》董事長及社長。1993 年，獲委任第八屆全國政協委員。1994 年獲推舉為首任香港出版總會創會會長。1997 年李祖澤獲頒第九屆香港印製大獎——「傑出成就大獎」。2009 年，當選為「新中國 60 年百名優秀出版人物」。

文：王蘇

中國幾千年文明史，從孔子至當代，薪火相傳，出版家源源不絕。造紙和印刷術的發明，使中國很早有了印刷、編輯、出版這個行業。上至春秋戰國，下到元明清，以至現代，從文史、軍事，到天文地理、農耕醫藥，種種發明創造，都有書籍典冊記載。

出版是一個國家和民族傳播知識、延續歷史文明之最重要工具。而香港是亞洲的出版中心之一，是國際著名出版物薈萃之重要基地。

一個夏日午後，筆者前往訪問年屆 84 歲、縱橫香港出版業 60 多年的出版界巨擘李祖澤，聽他娓娓回顧香港的崢嶸歲月和展望出版的未來大趨勢，他緩緩而清晰的表述，猶如一幕幕的電影畫面，令人歷歷在目……

心懷民族出版志業

故事由 1952 年說起，李祖澤於中學畢業後，因成績優異獲清華大學錄取，正準備遠赴北京入讀機械工程專業時，卻因 1951 年年尾發生的九龍城東頭村大火而改變主意。當時，災情嚴重，導致多達 16,800 多名村民痛失家園，由於港英政府未能妥善安置災民，救災活動進展十分緩慢，引起災民及各界人士極大不滿。於是，內地組織了「廣東省廣州市各人民團體慰問九龍東頭村受災同胞代表團」，於 1952 年 3 月 1 日抵達香港慰問及協助救災。港九工人及市民聞訊，當天上午會集到尖沙咀火車總站，人山人海，盛況空前，到處都是滿腔熱情迎接慰問團的青年工人、學生，李祖澤與同學們亦一起擠進迎接慰問團的隊伍，沉浸在興奮中。

當年港府派出軍警阻止訪問團訪港，並攔截前往迎接訪問團的代表。在火車總站等待的群眾聞訊後，群情激憤，部分群眾開始遊行，向警方投擲石

頭，警方也開始發放催淚彈，並向手無寸鐵的群眾開槍，引發流血慘劇——「三‧一事件」。

混戰時，李祖澤與一個姓吳的同學和一個紡織工人朋友在一起，當時他們站在旺角警署路旁，洋警官向他們開槍了，除了他自己倖免於難外，另外兩人則一死一傷。目睹如此悲慘的場面，李祖澤極受觸動，更加增強了愛國愛港的民族之心。

此次事件後，北京的《人民日報》發表短評，強烈抗議港英當局屠殺港九同胞。香港《大公報》、《文匯報》也刊登了此篇短評，被港英政府扣上「製造民族敵對情緒」、「煽動群眾、顛覆政府」的帽子，《大公報》首先遭到港英當局控告並被迫停刊，後因周恩來提出強烈反對才得以復刊。

當時，《大公報》停刊、《文匯報》被罰，大批知識分子亦被處罰或驅逐出境，香港文化界希望更多青年留港工作，支持民族文化事業發展。一些愛國愛港人士動員李祖澤留港參與工作，而手握著清華大學的入學證，李祖澤心情複雜、猶豫、糾結，面對民族事業的需要及個人前途的發展，又該如何選擇呢？然而，「三‧一事件」的慘狀仍是縈繞心間，最後李祖澤決定以民族事業的需要為自己的志願，「將自己當成一塊磚頭般，哪裡需要就往哪裡搬」，毅然放棄自己喜愛的機械工程專業，留港工作。

也許，冥冥之中上天已有安排，李祖澤注定與出版有緣。留在香港後，李祖澤得到的第一份工作便是到三聯書店當店員。三聯書店是由生活書店、讀書出版社、新知書店三家出版發行機構於 1948 年在香港合併而組成的，早年已出版很多進步書籍，並自內地引進大量知識性讀物，出版理念可謂與李祖澤相近。

甫進三聯書店，好學的李祖澤如魚得水，遨遊在知識的海洋裏。住宿、

工作均在書店，每日下午 6 點放工後就沉醉於各類書籍中，常常如饑似渴地飽讀至夜裡 12 點方就寢。

他坦言，雖與清華大學失之交臂，但自從在三聯書店工作開始，他正式開啟了人生新里程，並立志以出版為終身事業。

李祖澤個性活躍、思維開闊，對世界、對人生充滿熱情與好奇。他博覽群書，《戰爭與和平》、《安娜·卡列尼娜》、《資本論》等等，只要可觸及的書籍，都被他盡享飽覽。上世紀 70 年代文化大革命後期，他趁去北京出差之際，專程拜訪了冰心、費孝通等國內著名學者，有幸與費孝通討論其社會學著作《江村十日》（現名《江村經濟》）。

與文化前輩的交流，大大提升了李祖澤的文化修養與思維的深度、廣度，並煉就了選擇和發現好書、好作品的眼光。

李祖澤自 1952 年投身出版界工作後，先後任職於香港三聯書店、中華書局、商務印書館等書店及出版公司，歷任書店門市部營業員、校對、編輯、編輯主任、總編輯、總經理等職務。

他回憶説，在書店的那些日子，是他人生中最愉快、最自在的日子。「書中自有黃金屋」，他廣泛地學習著書本知識，令其知識的厚度及廣度得以充分積累，為後來做更大的事業奠定了知識基礎。

業界先鋒使命神聖

李祖澤敘述説，上世紀 70 年代末 80 年代初，香港本地出版雖然漸漸走向穩步發展的道路，可惜市場太小發展空間始終有限，再加上內地和台灣的市場未對外開放，仍處於封閉的狀態。李祖澤眼見國際各國的出版業已出現明顯的變化，於是嘗試走向國外。

1979 年，李祖澤來到全世界最大規模的國際圖書博覽會之一的法蘭克福書展參展，尋求在國際市場的發展機會。

首次參加國際書展，就吃了閉門羹。由於主辦方對香港出版業一無所知，沒有給李祖澤一行人提供展位。經過他反覆的請求，主辦方才同意在一個角落給香港出版界一個攤位。

李祖澤等香港出版界的同仁不為現狀所屈服，抓住機會，廢寢忘食，在僅僅三天半的工作時間內，他們便訪問了 103 家出版社，為香港出版界與國際交流開拓了渠道。

回憶起那次書展，李老心中百感交集。書展裡幾十萬冊圖書，卻無一冊書籍是完整介紹華夏文化的。反觀其他國家，無論大小，皆有整套介紹自己國家歷史文物的書籍。身為中國出版工作者，他深感慚愧，但他沒有托詞於「十年文革」的影響，而是下定決心，要讓世界認識中國，告訴自己日後務必要出版一系列彰顯中國五千年歷史文明的畫冊。

回到香港，李祖澤緊鑼密鼓地籌劃起出版大型畫冊的工作。正值沈從文表示有一部《中國古代服飾研究》的著作欲在香港出版，李祖澤得到消息，欣喜若狂。他組織出版社編輯等專業人員進行精心設計、編印。歷經幾個月的努力，《中國古代服飾研究》終於 1981 年 9 月面世，它堪稱一部濃縮的古代文化史，氣勢磅礴；也是香港有史以來前所未有、最精美極致、定價最高、影響最大的畫冊。外交部專門購買了一批作為國禮，當時的國家領導人外訪日本、英國時，這部畫冊均成為致送日皇、英女王的重要國禮。

隨後，李祖澤率領團隊又乘勢連續推出多部大型畫冊，包括《紫禁城宮殿》、《國寶》、《清代宮廷生活》等有關故宮的系列，每部都以中、英、法、德、日、意六國文字出版發行。這不但開創了出版大型畫冊的先河，更是踏

▲ 1997 年，李祖澤獲得香港貿易發展局及業界頒授的第九屆香港印製大獎——「傑出成就大獎」。

進國際出版舞台的重要一步。

之後，李祖澤領導出版公司一戰再戰，先後又出版了《敦煌全集》、《故宮全集》等大型畫冊。他率領團隊出版的《中國本草圖錄》，記載了 7,000 多種本草藥，共 12 卷。為了反映本草的真實價值，他們堅持全部圖片都要特效攝影，畫面栩栩如生，配合專家的科學分析及化學成分標示，為中華歷史留下大量極具參考價值的資料。

1997 年，為了配合香港回歸，李祖澤組織了全國十大畫家出版大型畫冊《百花爭艷慶回歸》，被香港特區政府選作紀念品，送予出席典禮的各國元首。

由此可見，李祖澤對中國及香港的出版事業皆付出了努力，並作了突出的貢獻。早在 1988 年聯合出版（集團）有限公司正式成立時，李祖澤便開始擔任董事長及總裁之職，率領香港出版從業員踽踽前進。當 1990 年聯合出版集團收購《香港商報》後，他又兼任《香港商報》董事長及社長之位。到了

時
代
巨
擘
——
他
們
眼
中
的
香
港
二
十
年

▲ 2013 年，李祖澤獲香港特別行政區頒授金紫荊星章。

1993 年，他榮任第八屆全國政協委員，並當選為中國出版工作者協會副主席。翌年他與業界攜手創立香港出版總會，並被推舉為香港出版總會創會會長。李祖澤於 1997 年獲得香港貿易發展局及業界頒授的第九屆香港印製大獎——「傑出成就大獎」；2002 年任第三十五屆世界中文報業協會執行委員會主席。同年，中共中央宣傳部、國家新聞出版總署、中國出版工作者協會特別召開「紀念香港回歸 5 周年暨李祖澤先生從事出版工作 50 周年座談會」，並頒贈李祖澤紀念銅鼎；2009 年 12 月，李祖澤當選為「新中國 60 年百名優秀出版人物」，而且是港澳台、海外唯一的當選者。李祖澤說這是他從事出版工作一生中最高的榮譽。

香港回歸道路曲折

1984 年《中英聯合聲明》正式簽訂後，1993 年 7 月 16 日「香港特別行政區籌備委員會預備工作委員會」（預委會）成立，李祖澤是其成員之一。成立預委會是以「一國兩制」的總方針為依據，以確保香港回歸的平穩過渡

和政權順利交接，以及保持香港長期的穩定繁榮為目標的。而預委會的任務則是：進行調查研究，提供有關意見、建議和方案，為實施基本法做好各項準備工作。

預委會分為 5 個專題討論組別：政務專題小組、經濟專題小組、法律專題小組、文化專題小組、社會及保安專題小組。各專題小組堅持「以我為主、面向港人、依靠港人」的工作方針，緊緊圍繞著那些會對香港長期穩定繁榮產生影響的問題，廣泛地搜集意見，深入地進行研究，充分地進行討論，並對各項問題逐一地提出相關建議和方案。

1996 年，「香港特別行政區籌備委員會」成立，李祖澤與籌委會成員一起為香港回歸的各項工作作出了認真的部署。

先後擔任香港預委會、籌委會成員，兩項工作經歷令李祖澤感觸良多。回顧當年的工作、人事細節，仍然記憶猶新，他說：「預委會及籌委會為了讓香港順利回歸所作出的貢獻委實不少啊！」當然，李祖澤為了香港回歸也盡他所能作出不少貢獻，故先後獲得香港特區政府所頒授的銀紫荊星章、金紫荊星章，也是順理成章的事。

談到回歸 20 年來香港的狀況，李祖澤坦言喜憂參半。喜的是，香港終於在不需一槍一彈下和平回歸，20 年來香港能基本保持繁榮穩定，「一國兩制」亦成功在香港實踐，並日益為世界所接受。但憂的是，當年社會精英無論如何努力地參與基本法的制定、參與預委會和籌委會的工作，但仍有很多未能預見的問題發生，以致無法有實際體會而制定出更多更好解決現今社會問題的方案。

他認為，現在香港社會出現的問題，是歷史的必然。對於一個曾經被外國管治過的地區的回歸，社會是需要有準備付出代價的，這是歷史的必然，

▲ 2009 年 12 月，李祖澤當選為「新中國 60 年百名優秀出版人物」，而且是港澳台、海外唯一的當選者。圖為 2010 年 1 月 13 日在北京舉行的頒獎禮上，中共中央政治局委員、國務委員劉延東與李祖澤握手。

不可以回避。

然後，李祖澤進一步指出，香港社會出現問題有幾個因素：

一、150 年的殖民教育，令為數不少的香港人忘記了自己的國家和民族歷史。回歸前有 340 萬港人持有 BNO（海外英國公民護照），這些人中有部分為自己是英聯邦公民感到榮幸，外出旅行時很自豪地填上「香港英國人」，而非「香港中國人」。然而這類公民，不能在英國本土長期居住、工作、經商等，更沒有選舉和被選舉權，但他們仍不願意做中國人。

二、香港人口組成的成分，不可忽視香港 700 萬人是怎麼來的。他說，他在 1948 年抵達香港時，香港只有百多萬人。其他 500 多萬人中的首批百多萬人是全國解放戰爭時期到港的，包括資本家、地主，以及工商界、軍政界人士等；第二批則為 1959 年至 1961 年遭遇到自然災害、大饑荒時期湧入香

港的百多萬難民，當時香港工業正值起飛的階段，這一批被饑荒所迫而逃港的難民人數，高峰期時每日達 5 萬人，為香港工業發展提供了龐大的勞動力；第三批來港人口則以早年進入內地讀書、生活，在「文化大革命」中遭受迫害的部分華僑知識分子；「文化大革命」後施行開放政策，他們便申請來港定居。

他說，香港人口主要便是由這三批人及他們的後代與香港原有的百多萬人共同組成的。其中有許多人未能體會到新中國的優點，所以當有人發表一些對中國政府不利的言論時，往往容易引起香港一些人的「共鳴」。

三、香港傳媒及教育亦要承擔很大責任。報章新聞對中國改革開放取得的成就視而不見，誇大報道負面新聞，教育方面以宣揚西方的民主、自由為主，不講中國的歷史與文化。

香港社會複雜，有人將之形容為一本很難讀的書，但李祖澤卻不以為然。回顧過往，回歸前是與港英政府鬥爭，回歸後則轉化為「回歸與反回歸」的鬥爭。他舉例說，反對「23 條立法」的遊行，實際反對的是回歸；再比如「反國教」運動，將愛國同認識祖國標籤為「洗腦」，更反對將「德育及國民教育」獨立成科，這些均為反回歸運動。作為炎黃子孫，若將學習本國文化歷史看作是「洗腦」，這是極其悲哀的事。

四、從 2014 年的「佔中」發展到「港獨」，是社會上某些人在窮途末路時的原形畢露。李祖澤說「港獨」派必將逐漸走向消亡。

縱觀未來壯心不已

李祖澤是香港報業公會會長、世界中文報業協會會長、香港出版總會永遠榮譽會長、星島新聞集團有限公司獨立非執行董事，同時更分別是聯合出

◀李祖澤閒時與朋友打高爾夫球。

版（集團）有限公司、商務印書館（香港）有限公司、中華商務聯合印刷（香港）有限公司、香港商報有限公司的名譽董事長，珠海學院校董會副主席。

　　李祖澤認為香港年輕人在香港目前的環境裡生存是極富挑戰性的，高樓價及生活指數攀升令社會及年輕人充滿壓力。因此，年輕人一定要持續學習，保持競爭力，充分把握香港在「一帶一路」及「粵港澳大灣區」中所具有的優勢，爭取自身發展。

　　他還指出，「一帶一路」倡議是國策，而沿線國家的社會制度、經濟發展規律與香港社會很吻合，並且大部分國家與香港一樣以普通法為法律基礎，這在經濟發展中更易形成溝通共識。香港在推進國家「一帶一路」建設中有無可取代的優勢，內地的財團極重視在香港的發展，香港應把握優勢，繼續做內地與沿線國家在特殊領域的「聯絡人」。

　　面對未來，李祖澤認為，21 世紀電子科技無處不在，電子書店、電子出版之外，出版還將與電視、廣播等結合，形成新媒體。人類的智慧也將提升至更高境界，不但出版全面數字化勢在必行，而且從跨媒體發展到各種媒體

一體化，恐怕亦當屬必然。

在資訊為本的今天，永不停息的資訊更新與積累，令時下年輕人時刻感受到無比壓力。在出版這個行業，尤其需要高等的智慧和品質，文化事業肩負的擔子很重，確實要努力站在時代的前列，才能將國家的中文出版事業做到最好，才能真正無愧於子孫後代。

至於教育方面，李祖澤指出香港缺乏高品質的自資大學，因此他將會繼續為扶持珠海學院的未來發展傾力奔走，令香港珠海學院在未來可成為真正高品質的自資大學，為香港社會培養更多優質的精英人才。

他寄望，如香港人民團結一致、同心協力地不斷努力，排除一切社會矛盾與問題，努力把握住機遇，那麼香港的出版業將會更加興旺發達！

秉初心、承匠心、蘊文心、創慧心。這，就是一個民族出版人的大文化情懷！

李焯芬
肩負使命　春風化雨

" 科學是求真，人文與佛學是教人求善求美，
是心靈之美，藝術之美。
如果人生中可以兼顧「真善美」，
那將是一個多麼豐富多彩的美好人生啊！ **"**

　　李焯芬，生於香港，祖籍廣東中山。現任饒宗頤學術館館長，兼任香港中華文化促進中心理事會主席、共建維港委員會主席等職務。1965 年畢業於聖若瑟書院，其後入讀香港大學土木工程系，1968 年以一級榮譽畢業，1970 年再獲得港大的碩士學位。隨後，到加拿大西安大略大學主修岩土工程，1972 年取得博士學位。1994 年回到香港大學土木工程系任教；並於 2000 年至 2008 年間擔任副校長。2008 年至 2015 年出任香港大學專業進修學院院長；2015 年 7 月 1 日起，擔任珠海學院校監。2013 年，獲特區政府頒授金紫荊星章。

文：王蘇

依山而立的香港大學，歷史悠久，校園四周隨處可尋歷史的蹤跡，不事張揚的低調蘊含著她的傳奇。位於校園的古老建築鄧志昂樓裡的饒宗頤學術館書香四溢，靜謐祥和。

筆者專此採訪中國工程院院士、饒宗頤學術館館長、香港大學前副校長李焯芬教授。李教授在工程實踐和理論研究中作出了重大貢獻，對國際學科發展有著重要的影響，並榮獲香港工程科學院和加拿大工程院（CAE）院士的稱號。

2001 年，他榮膺加拿大工程院 LKLo 獎章；2002 年榮獲加拿大岩土工程學會最佳論文獎（Quigley Award），同年獲授予香港特區政府太平紳士稱號；2003 年當選為中國工程院院士，享終身榮譽。自香港回歸以來，香港特區包括外籍人士在內的兩院院士僅有 40 餘名，而獲工程院院士比科學院院士的更少，僅有 10 餘人，李焯芬能夠躋身其列，可見他在工程技術界的權威。2005 年，他獲美國政府「富布萊特傑出學人獎」和香港特區政府頒授銀紫荊星章；2013 年更獲頒金紫荊星章。

採訪過程中，這位具中西文化學養、獲國家最高學術稱號的工程院院士，看起來穩健誠懇，彬彬有禮又不失熱情，談吐中既具學者風範又顯管理者氣度。

嘔心瀝血貢獻卓著

出生於廣東省中山市的李焯芬，1968 年於香港大學畢業；1970 年獲港大碩士學位；1972 年畢業於加拿大西安大略大學，獲博士學位；曾任加拿大安大略水電土木建築部主任。

在加拿大，他曾參與並主持了多座大型火、水和核電站的地質論證、環境評價和土建工程，在解決複雜地質條件下建設大型工程的岩土問題，如大壩安全、核廢料處理和核電站抗震問題等方面，取得了卓有成就的成果。

在香港，他亦主持了多項地質災害防治和工程科研的工作。例如對香港暴雨觸發滑坡和風化土破壞機制，提出防治總體方案；主持並完成了香港邊坡治

◀ 1997 年，李焯芬
於三峽工地與王思敬
院士合照。

理和土地利用的地球資訊系統的研究，抓住香港災害地質的根本問題，成功
採用數字資訊技術，使滑坡災害防治工作達到世界前沿水平，對香港建設和
工程學科發展起到關鍵性作用。

在香港，李焯芬還有一個身份——香港共建維港委員會（由官方、專業團
體、學者以及關注維港團體組成的非牟利組織）主席。該會自成立以來，多
次協助消除維港填海爭議，使中環灣仔填海和「啟德」規劃發展得以在社會
建立共識。

共建維港委員會曾就維多利亞港現有和新海旁毗鄰土地的規劃、土地用
途和發展，向政府提供意見，同時透過均衡而有效的公眾參與取得各方建議，
以便在保護維港之餘，使市民可以更容易直達海旁，令海旁區域更加地盡其
利，確保公眾可以享用維港。李焯芬以主席身份每周召集委員開一次會議，
務求做到集思廣義，為政府獻計獻策。

不但在香港，李焯芬在內地也有多項公職，作為工程院院士、國家水利部
專家，他致力於水利工程研究，他強調，國家若要確保水資源的可持續發展，
必須由工程水利轉向生態水利的道路，即是封山育林，透過水利去保護自然

環境。另外，李焯芬長期以來一直支持國內基礎設施建設，對三峽、大亞灣等工程做了大量技術諮詢和指導工作，可謂貢獻良多。

「粵港澳大灣區」令香港增值

上世紀 60 年代可以說是香港經濟轉捩點，製造業持續發展和擴張，強勁的經濟增長令香港成為亞洲「四小龍」之一，落後的小漁村終與新加坡、韓國、台灣齊名。當年已有獨立思想的李焯芬見證著香港社會經濟發展史。

熟悉了解香港並曾在北美生活過 20 幾年的李焯芬，兼任著世界銀行、聯合國發展計劃、亞洲開發銀行、國際原子能機構、加拿大國際開發總署等機構的科學技術顧問，面對香港如何在「粵港澳大灣區」建設新形勢下參與及獲益等問題，他認為「粵港澳大灣區」在人口和城建規模方面與紐約和東京類似，但在產業結構方面則更像加州三藩市附近的大灣區（包括硅谷），特別重視創新科技產業的發展，從而產生像 Google、Facebook 這樣的公司。

他表示，香港有成熟優質的金融、法律等方面的服務產業，可與大灣區的建設發展配套，相得益彰。香港中文大學、香港大學、科技大學、理工大學、城市大學等在深圳皆設有實驗室，可考慮積極配合「粵港澳大灣區」科技產業的發展。例如香港中文大學（深圳）依託機械人與智能製造國家地方聯合工程實驗室、深圳市機械人與智能製造工程實驗室等平台，在深圳市龍崗區政府的支持下，於 2016 年 1 月成立機械人與智能製造研究院，積極發展機械人、可穿戴設備和智能裝備產業，並在大運軟件小鎮共同打造面向智能機械人產業的「中國硅谷」，可見香港高科技人才和某些公司一直都在參與和推動大灣區的經濟建設。

他指出，「粵港澳大灣區」的建設發展主要作用是便捷人流、物流，由香港出發，通過港深公路，半小時便能去到珠三角的順德、中山等城市。李焯芬覺得「粵港澳大灣區」優勢在於有高新科技產業支撐，它不僅僅只像紐約

一樣是個大城市,重要的科技產業比例令「粵港澳大灣區」更勝於「紐約大灣區」,它更像是美國加州以「硅谷」為主的大灣區。

他認為,在「粵港澳大灣區」的建設和發展進程中,香港將挾著優質成熟的服務業參與其中,並且香港會因此而得到增值,至於香港的一些大學和科技產業亦會更積極地投入到大灣區的建設之中。到時,李焯芬將可再次見證香港經濟如何向前邁進一大步。

海上絲路　扮演主角

李焯芬是集宏觀、微觀管理思維於一身的專家,他認為,「一帶一路」、「粵港澳大灣區」戰略國策正為香港帶來機遇,激發香港保持較佳的優勢。

李焯芬說:「『一帶一路』以沿線國家的基建為啟動項目,從而帶動經濟、文化等領域的多元合作。」預計部分基建項目將會以向亞投行貸款的方式完成,而部分則可能會以國際融資及 BOT(建造、營造、移交)的模式(類似廣深高速的外商投資模式)進行。

對此,李焯芬提議香港可以參與一部分的投資及融資項目,並可以提供法律、金融、工程管理等方面的專業服務。事實上,香港過去已曾有不少企業參與內地的基建業務,例如長江基建、合和、新世界基建、中電、港燈、路勁等公司,所積累的經驗已相當豐富。

他舉例說,1997 年通車的廣深高速公路就是個很好的例子。上世紀 80 年代,香港合和實業在眾多香港公司投標中取得「廣深高速公路」的投資興建資格,於 1997 年正式通車開始,擁有對「廣深高速公路」30 年的專營權,直至 2027 年。1997 年至今,合和這 20 年因「廣深高速公路」的收費所得,已是當年投資的 30 倍,收益穩定,至今「廣深高速公路」仍是其公司最大的收入來源。

李焯芬說,「中國最賺錢的高速公路」——「廣深高速公路」的建成,是

首條及現在唯一直接連接廣州與深圳及香港皇崗口岸的高速公路，它已成為發展中的珠江三角洲高速公路網絡中的一條大動脈，形成一條貫穿珠江三角洲東岸南北的幹道。廣深公路帶動了公路沿線的經濟發展，促進了廣州、東莞、深圳及香港四地的經濟貿易往來及社會繁榮發展，大大推動沿線地區農村工業化、城鄉一體化、經濟國際化和全面建成小康社會的進程。而「路通財通」，同樣的，東南亞國家都希望通過「一帶一路」倡議中的基建項目促進其經濟的繁榮發展。

李焯芬認為，「一帶一路」符合「基建帶動經濟」的學術理論，是高瞻遠矚的戰略及經濟決策。因「一帶一路」沿線城市眾多，僅以亞投行的資金，不足以滿足眾多基建項目的貸款需求，而需借鑒當年「廣深高速公路」興建的項目 BOT 及國際融資方式去令「一帶一路」基建項目得以完成。

他強調，香港在「一帶一路」中可參與部分基建項目的投資及融資工作，而香港企業得天獨厚，正可長袖善舞於「一帶一路」相關項目中。「一帶一路」眾多基建項目必牽涉大量財務評估、合同簽訂等專業服務工作，因此可帶動香港律師、會計師等專業服務行業的發展；大量的項目管理人才亦會因項目的增長而變得需求迫切。他認為，這並非空中樓閣，因為其實香港已在各方面積累了多年的豐富經驗，投融資額度及專業服務水準是毋庸置疑的。

李焯芬雖然對香港未來 20 年的展望充滿憧憬與期待，但他認為在很大程度上還是要視乎周邊大環境的發展和變化。李焯芬因科研項目經常要進入內地工作，他清楚地看到珠三角正在發展成為世界級高新科技產業區。很多新的電子產品、生物科技產品，在市場上相繼推出，層出不窮、日新月異。他憶述，珠三角由 30 年前的來料加工產業區發展為現在的原創性創新科技產業區，正是廣東省及國家高度肯定的經濟持續發展方向，而香港正正可以以自己優質而成熟的服務業去配合珠江三角洲的高科技創新產業發展。

他透露說，中國科學院、工程院成立了專家工作組，對「一帶一路」沿線

城市的各方面項目進行技術和風險評估，如為準備建設的巴基斯坦境內的輸油管輸送石油的項目做瀉土、漏石的水利工程評估工作，輸油管的建造大大縮短經由馬六甲海峽和印度洋來往中東的路程、時間，而且節省了成本。中國是世界石油進口大國，因此對能源安全問題十分關注，而中巴經濟走廊的開通正好減少對馬六甲海峽的依賴，並分散了風險。

他再舉例說，對剛果金水電站項目的參與，意義重大。缺電是非洲大陸仍舊在貧困和發展不足中掙扎的原因之一，剛果金水電站建成後，裝機容量將是三峽的近兩倍，可將電網輸送至整個非洲，有效解決非洲的供電問題。

他堅稱，香港在為世界級高新科技產業區提供優質而成熟的各項專業服務過程中，也必將在未來20年，甚至更長遠的未來使自己得到更具持續性的增值。

以教育人　立港之本

由就讀小學至獲得碩士學位止，李焯芬分別在聖公會聖彼得小學、聖約瑟中學、香港大學度過漫長的求學日子，又是留學加拿大回流香港的典型「番書仔」，再加上後來的執教與高等學府管理者生涯，令其深諳教育的精髓所在。

他由衷地說：「香港的民生問題主要還是教育問題。長期以來，香港的基礎教育不重視中文、中國歷史、地理的教學，導致一代又一代的香港學生不熟悉自己民族的文化和歷史，致使他們對祖國產生疏離感，是時候改變這種殖民地教育的思維模式和習慣了。港英時代比較好的學校均以英語教學，有些學生甚至以中文程度欠佳為榮，更有些學生在中國歷史、地理方面的知識吸收主要由武俠小說中得來，而學校教授的歷史則多是歐洲史，這便是教育的可悲，更是香港殖民地教育歷史長期的積習。」

現在不少香港學生會到其他國家交流，當地學校往往都會搞文化節，希望透過藝術、飲食文化等方式讓學生宣傳自己的國家。一些小型國家如沙爾維亞、克羅地亞等地的學生都能積極熱情地介紹自己國家的歷史起源、民族特

▲ 1984 年，於黃河上游青海李家峽水平探洞。

色、地理環境，表演自己民族的歌舞，製作民族特色食品，滿懷對自己民族
的驕傲情感，以自己的民族為榮。而香港學生卻不知道該做什麼，當有其他
國家的學生問：Are you Chinese? 香港不少學生的回答卻是：No, I'm Hong
Kong people. 這真的是香港教育的缺陷和遺憾。李焯芬認為，缺乏研習中國
歷史文化的機會會令新一代年輕人「無根」，教育的目的在於喚起學生以自
己文化為榮的自信心。

　　他認為，政府教育部門改革課程之餘，亦可考慮參考外國，加強博物館在
年輕人學習階段中可起到的作用，提高學生對中國文化的興趣，透過如敦煌
展覽之類的文化歷史活動，潛移默化地給予香港年輕一代教育，從而推動中
國文化傳承的工作。

亦文亦理 亦教亦心

　　誰能想到，有「現代版大禹」之稱的李焯芬，除學術論文著作外，亦有
撰寫散文、通識書籍及心靈小品等。他的好學始於學生時代，中學時期已閱
讀完很多「五四」以後的小說。他說，年輕時已非常喜歡文學，作為理科生，

卻對文化、歷史、佛學等也充滿興趣，因此博覽群書。

「這是一個知識爆炸的年代，99% 的教育都是知識教育，人文的教育很少。」李焯芬深有體會地説：「科學與人文要平衡。科學是求真，人文與佛學是教人求善求美，是心靈之美，藝術之美。如果人生中可以兼顧『真善美』、那將是一個多麼豐富多彩的美好人生啊！」

2003 年前後，李焯芬開始在香港大學籌劃建立佛學研究中心。如今他運用更多的時間來做佛法的推廣。他説自己搞科研出身，始終抱著終身學習的態度。即使再過 30 年，也還要繼續學習佛法，不僅要學習理論，還要學習實踐。

他正積極推進佛教電子網站等網上平台的建立，以滿足現代人獲取資訊的網絡化；成立基金會，在世界各大學建立佛教研究中心，發展佛教課程。面對他如此豐富多彩的人生經歷，如果説前半段是從事水利工程來治水，那麼此後的很長時間，他則是用佛法來治心。人人都知道面對洪水來臨要適時疏導，不要氾濫成災。他常道：「治心如治水，同樣是避免人的情緒失控，用佛理疏導人心，減少不必要的悲劇發生。」

擔綱「饒學」大家館長

李焯芬於上世紀 80 年代與佛學結緣，在佛學院講授西域佛教史，又追隨饒宗頤教授多年。饒宗頤主張求真、求證、求是、廣泛涉獵、旁徵博引、學無界限的研究方法讓李焯芬受益匪淺，啟發他做研究時不給自己設限，哪裡有價值，就去研究哪個領域。

2004 年註冊成立的饒宗頤學術館，在他的引領下，支持及參與的項目，包括研究、展覽、出版、研討會及講座等，已逾 300 多項。

身為館長，李焯芬介紹説，學術館專注於國學與饒學等各領域的研究工作，並積極推動相關的學術研究。其中「饒宗頤教授資料庫」於 2006 年創立並開始運作，2012 年易名為「饒宗頤教授資料庫暨研究中心」（簡稱「饒學中心」），

▲ 2009 年，與饒宗頤教授於饒宗頤學術館。

旨在收集、整理、保存、出版研究饒宗頤教授個人的文獻資料及文物，並組織和鼓勵饒學之相關活動和研究。

他稱，學術館成立翌年，掀起了饒學熱，眾熱心社會人士為支持學術館的研究工作及藝術活動，自發組成「饒宗頤學術館之友」，目標在支援香港大學饒宗頤學術館，推動學術館之活動，為學術館之建設及發展提供意見、建議以及經濟上的支持。

該館亦致力研究饒教授的藝術成就及風格，曾出版《筆底造化》和饒教授繪寫關於香港書畫的《香江情懷》。在文化藝術推廣方面，參與內地及港澳多項藝術活動，並積極推動海內外從事中華文化研究的專家學者們發展更緊密的學術文化交流關係。

李焯芬主理饒宗頤學術館十幾年，深諳饒學精髓，其中的佛教文化與敦煌遺韻，中亞的文明興衰，絲路的歷史滄桑，都在他的旅遊文學作品中交融、統一。

告別學貫文理的李焯芬教授，告別蘊藏中國傳統文化精髓的饒宗頤學術館，徜徉在彌漫著歷史古樸之風的香港大學校園，倍感神清氣爽。

呂志和
儒商仁厚　惠澤四海

> 踏實地培養國際視野以及國家情懷，
> 了解過往，
> 了解民族的歷史、曾經的苦難與輝煌，
> 才能開創未來。

　　呂志和，香港嘉華國際集團主席、呂志和獎創辦人、第九屆全國政協委員。生於廣東江門，4歲隨家人移居香港。1955年，首創嘉華公司，主要經營建築材料業務。經過60多年的不懈努力及商業觸覺，嘉華集團已被打造成亞洲最具規模的大型綜合企業之一，業務多元化，遍及房地產、娛樂休閒、酒店以及建築材料。嘉華集團扎根香港，業務遍布中國內地、香港、澳門、東南亞及美國主要城市，全球員工超過33,000人。多年來呂志和積極回饋社群、永不言倦，尤其關注教育、醫療、創新科技、藝術文化、環境保育以及促進和諧共存的發展，廣受各界肯定，曾獲頒授金紫荊星章及大紫荊勳章等殊榮。

文：王蘇

一頂短檐鴨舌帽——
是呂志和的鍾愛，無論去
哪裡他都戴着，已成為他
低調務實個性特徵的典型
標誌。帽沿下藏著那對細
巧而深邃的雙眼，讓你感
覺到他的氣場是內斂、謙
和的。他是個慈眉善目的
紳士，凡接觸過他的人，

▲ 1995 年，呂志和於「呂志和星」命名慶祝典禮上留影。

都會感受到他是睿智的，是個斯文低調的大人物。

在浩瀚的太空中，有一顆行星默默地和地球一起圍繞著太陽轉動，1995
年被中國南京紫金山天文台，命名為「呂志和星」（國際編號為 5538），
以表彰他對中國天文事業的貢獻。

60 多年來，呂志和為事業奮鬥的過程跌宕起伏，殊不簡單。他陪伴香港
成長，歷盡社會的風雲變幻，見證了「東方之珠」的經濟奇跡。今天這個已
年近九旬的商業巨子，仍然以不斷挑戰與創新的風格經營著他的商業王國，
永不言休。

白手起家　跨國興業

呂志和 1929 年出生於廣東省江門市，4 歲時隨家人移居香港。四代單
傳的呂志和從小就被寄予厚望，沒料到在 10 多歲時，日軍鐵蹄踐踏香港，
戰火燒毀了呂家原本為他計劃好的一切，並留給他一個沉重的家庭擔子。
然而當年的呂志和沒有如一般人那樣怨天尤人，而是默默地承擔起養家餬
口的重任，與祖母於街頭擺售食品維生，並從此開展他的傳奇創業歷程。
當年，只有 13、14 歲的他已嶄露經商本領，成為香港油麻地地區的食品製

造批發商。

　　到了戰後，他跟隨姨丈學習經營買賣汽車零件的生意。有一次，他替一位客人訂購了一批零件，客人賺了一筆可觀的利潤，感到很高興，於是拿出200元，欲打賞這個年輕人。儘管當時的200元已是為數不菲，但他卻婉拒了客人的好意，因為他覺得服務顧客是自己份內的工作，不必額外收取酬勞。呂志和工作時盡責勤奮又好學，只在短短5、6年間便盡得姨丈真傳，可以自立門戶，開設自己的汽車零件銷售公司了。

　　上世紀50年代初，他從朋友處獲悉，美軍在朝鮮戰爭後於日本沖繩島留下了很多剩餘物資如吉普車、GMC大型運輸車、開山機械等。當時香港正處於戰後復元期，基建工程眾多，正苦於缺乏機械設備。他靈機一觸，及時掌握商機，前往沖繩與美軍洽談，成功游說美國軍部及領事館同意將重型軍事剩餘物資低價賣給他。他將滿滿一郵船的重型機械運回香港，供應給本港發展商作開山築路及建設之用，賺到了人生的第一桶金。

　　1955年，呂志和在香港創立了嘉華公司，參與當時仍然相當荒蕪的觀塘區一帶（包括秀茂坪、樂富、藍田及油塘等）之大型填海工程，為該區日後成為香港輕工業發源地孕育了良好的先決條件。此後近60年，嘉華一直是香港建材業之翹楚，為香港提供了三分之一以上的建材。今天，香港的每4幢樓中，就有一幢的建材是由嘉華提供的。

　　現在，呂志和掌控著兩大上市公司——嘉華國際和銀河娛樂，以及集團屬下的仕德福國際酒店集團和嘉華建材，分別從事地產、娛樂休閒、酒店及建築材料等業務，附屬公司超過200家，全球員工逾33,000人，投資的業務遍布香港、內地、澳門、北美洲及東南亞。

塑造娛樂休閒新藍圖

　　上世紀70年代，香港的經濟騰飛，呂志和的生意也越做越大，他相信

▲嘉華集團旗下之房地產業務旗艦——嘉華國際集團有限公司，於 1987 年在香港上市。

自己的眼光，預先瞄準 80 年代的香港市場即將產生對國際星級酒店的龐大需求，他洞悉到傳統客棧式的酒店已不合時宜，於是全身致力參與酒店從設計至興建的過程，並大膽將酒店的管理權交給外國管理公司——「假日酒店網絡」，又專程聘請來自德國的專業酒店管理人才負責酒店的初期運作，務求將旗下酒店發展成國際級水平。

到了上世紀 80 至 90 年代，呂志和致力於發展在美國的酒店及地產業務，使生意網絡更趨國際化。鑒於當時嘉華集團於酒店管理能力方面的不足，因而制定出以特許經營模式與洲際、萬豪、喜來登、希爾頓等國際知名酒店品牌進行緊密合作，令他早年便成功躋身全美 12 大酒店業主之列。

呂志和亦致力推動行業穩固健康發展，他積極提出把 MICE（Meetings －會議、Incentives －獎勵旅遊、Conventions －大型會議及 Exhibitions －展覽）延伸為 MICEE（增加 Entertainment －娛樂這個項目）的新概念，融匯娛樂、文化、酒店、餐飲、交通、零售等行業於一身，為香港長遠發展出

◀ 2006 年，星際酒店開幕，呂志和（右）與梁朝偉（中）及呂耀東（左）合照。

謀獻策。

2001 年，呂志和亦開始籌謀涉足澳門娛樂事業，當時澳門政府開放賭權，發放 3 個新賭牌，共吸引來 21 個財團遞交標書，香港、澳門及美國財團都虎視眈眈。2002 年，呂志和在一堆大財團中「黑馬」脫穎而出，奪得賭牌，一償所願進軍博彩業。2006 年，其銀河娛樂集團成為首家在香港上市的博彩業公司。呂志和憑藉其創新與勇於嘗試的魄力，締造了又一個華人世界的商業神話。

愛國之心 報國之情

呂志和在全球發展多元化業務的同時，亦常常告誡自己身為炎黃子孫，要時刻回報祖國，因此早在改革開放之初，他已進入內地發展事業，是首批進軍內地建材行業的香港企業之一，現於全國十多個城市和工業重鎮皆設有現代化的生產基地，並先後與多家知名大型國企結成策略性夥伴，不斷提高產能，每年各種建材總產能達 8,700 萬噸，單單優質水泥已超過 1,200 萬噸。同時亦開發綜合環保建材產品，全面配合國家提倡節能減排、可持續發展的

大方向。

　　如今，呂志和的嘉華集團已在北京、上海、廣州、南京、深圳等十多個城市發展業務，投資數百億元。呂志和憑藉敏銳的洞察力，在其商旅生涯變中求穩、穩中思變。「從開始做生意至今，每次投資我都會貫徹到底，成功後再考慮做第二件事，而不是漁翁撒網。」呂志和總結道。

　　與此同時，呂志和亦不惜捐出巨資，支持教育事業。他深信興學強國之道，尤為關心基礎教育及高等教育，因此多年來他向多個香港、澳門及內地教育機構慷慨捐資，同時亦於多家海外知名學府設立中國留學生獎學金，資助優秀學生到海外求學及交流，更成立了13億港元的銀河娛樂集團基金會，致力協助年輕人建立正確的德育和價值觀，培養他們的國家民族感。

　　另外，呂志和亦主動為各學校改善辦學條件，尤為熱心支持酒店及旅遊業界之專業人才培訓，以配合旅遊業蓬勃發展之大趨勢，並能適時提供管理專才。繼促成香港中文大學開設酒店及旅遊管理學院後，呂志和又促成香港理工大學籌劃興建教學酒店，從而推動了酒店旅遊高等教育之國際認受性的提升。對於這兩所大學之學院發展，他亦慷慨資助，資助項目包括興建教學樓、設立留學獎學金、資助教研工作、改善教學設施等等，極力協助香港教育的發展。

把握機遇　發揮所長

　　呂志和由衷覺得，香港是一塊福地，若你人在其中，就必須盡力讓她發揮所長，令她的特色得以彰顯。他強調，香港不僅擁有優良的地理位置、堅實的基礎、豐富的經驗，並人才輩出；而且擁有完善的市場經濟體系，是國際公認的全球最自由的經濟體系之一。因此，香港應好好發揮優勢，仕「一帶一路」實踐中作為「超級聯繫人」的作用是無法取代的，尤其是其國際金融中心地位，更有利於推進人民幣國際化。

在「粵港澳大灣區」的發展中，金融、物流和人流都是香港可以大展拳腳的領域：金融方面可靈活運用多年累積而來的經驗，支持區內企業「走出去」，進一步完善對外開放平台；物流方面要繼續發揮香港作為國際航運中心的優勢，推進基礎設施的互聯互通；人流方面要與其他省市共建宜居、宜業、宜遊的優質生活圈。

呂志和認為，要融入國家未來發展，無論是「一帶一路」倡議，還是「粵港澳大灣區」戰略，香港的精英們，應把眼光放得更長遠一些，以香港繁榮穩定為基礎，以香港的長遠發展為基本，去發揚香港人齊心協力、奮發拼搏的精神。這才符合香港的整體利益。

呂志和亦期盼將來能夠繼續為祖國的發展作出貢獻，尤其如「粵港澳大灣區」等大區域發展項目，都離不開基礎建設，對各類型的建材及生產技術應有大量需求。嘉華建材經過逾半世紀的磨練，已累積了極為豐富深厚的經驗，絕對有能力為產業提升、轉型，以及不同的項目提供世界一流的高端生產技術、管理制度，繼續為中國未來的發展作出貢獻。

他稱，香港背靠祖國、面向國際，兩地的繁榮和穩定發展是相輔相成的。香港與祖國進一步融合，才有機會開拓更廣闊的市場，且有助保持國際金融中心的優勢。

珍惜所有　開創未來

在談到年輕一代時，呂志和深深體會到，現今年輕人各方面的條件比往昔好得多，僅說接受教育的機會，與過去相比已經是天壤之別。然而，他留意到雖然條件進步了，但香港整體的城市競爭力卻不比不斷在增值提升的鄰近國家和地區發展得快，因此，港人尤其是年輕人也要迎頭趕上，努力提升自己，增強自身的競爭力。「不進則退」雖是老生常談，但卻是金石良言，值得謹記在心，時時用來警惕自己。

他勸籲年輕人不僅要具有在專業領域的「硬知識」，還要具備為國家
與社會服務的健全品格和「軟實力」。在追求學術理想、尋找發展方向的
同時，年輕人應加強個人道德品行、文化認知、社會意識及公民責任等內
在修養，以克儉勤奮的態度，時刻積極裝備自己，作好回饋社會的準備，
推動國家發展。

呂志和說，香港比內地起步早、發展早、成熟早。物質條件和環境都曾
經比內地優越，時下年輕人沒有經歷過太大的苦難和波折，反而導致出現「溫
水煮蛙」的現象，社會上逐漸衍生出一股追求金錢和物質的不良風氣，而且
到處充斥著負能量。因此，香港年輕人要踏實地培養自己的國際視野以及國
家情懷，了解過往，了解民族的歷史、曾經的苦難與輝煌，才能開創未來。

推動文明仁和精神的「呂志和獎」

多年來呂志和積極奉行「取之社會，用之社會」的原則，以發揚仁愛與
和平精神為己任，並於 2015 年創立國際跨界「呂志和獎——世界文明獎」，
旨在表彰以無私大愛地為推動世界文明發展作出貢獻的人士或團體，從而促
進世界資源可持續發展、改善世人福祉、倡導積極正面人生觀及提升正能
量，彰顯社會的文明與正義。

「呂志和獎」設有三個獎項，分別是：一、促使世界資源可持續發展；
二、促進世人福祉；三、倡導積極正面人生觀及提升正能量。每位獲獎者，
均將獲授予現金獎 2,000 萬港元（相當於大約 256 萬美元）、證書一張及
獎座一座。如任何一個獎項類別於某年沒有合適獲獎者，則該獎項類別在該
年不會授出獎項。每年「呂志和獎」經由不同領域之頂尖學者及人士組成的
獎項推薦委員會審議後，均會決定出三大獎項的關注領域，而 2017 年的關
注領域就包括了預防氣候變化、脫貧，以及促進不同群組之間的和諧等三個

▲ 2016 年，呂志和於「呂志和獎—世界文明獎」頒獎典禮致辭。

議題。這些議題都與人類的未來息息相關，備受全球關注。

談到成立「呂志和獎」的初衷，呂志和殷切地表示這和自己的成長背景與心路歷程有密切關係。年少時經歷過戰亂、嘗過疾苦，現在看見科技發展一日千里，層出不窮的創新、繁榮豐盛的物質、無遠弗屆的聯繫網絡……然而，物質文明並未為人類帶來真正的滿足和互相尊重，亦未能為世界創造長久的和諧，很多人依然在戰火、貧困、飢餓、疾病中掙扎。尤其當今社會一個很大的問題是，大家大都在追求物質與科技，而忽略精神文明和品德修養的同步提升。為世界出一分力，盡己所能為上述的問題尋找解決之方法，則是他發起設立「呂志和獎——世界文明獎」的原因。

而關於這個獎項的願景，呂志和深情地說「呂志和獎」是一個弘揚真、善、美的獎項，是他一直以來的心願，也是他期望獻給世界的一份禮物。透過「呂志和獎」，他希望嘉許為全球關注的議題付出努力、作出貢獻的人士或團體，喚起世人注視全球需急切應對的問題，推動世界文明的發展。

呂志和在第一期便為該獎項投入了 20 億港元之巨款。他深信無論這顆種子將會如何生長、何時發芽壯大，它在本質上潛在的那股導人邁向真、善、美的力量，不但不會輕易滅亡，而且可以世世代代地延續下去，終有一日能夠發揮作用，完成令世間和諧共融的任務，讓世界變得更美好。

頤養天年　享受生活

　　至今仍未退休的呂志和，每天還是早早地回到公司工作，閒時想放鬆一下筋骨，便約來三兩知心「波友」——李嘉誠、郭炳湘等人打打高爾夫球，或者與「雀友」打打麻將，又或者種種羅漢松、養養錦鯉、吃吃牛腩麵魚蛋粉……

　　呂志和個性溫和、穩重，且言行謹慎。在他的人生字典裡不斷出現這幾個詞：禮義、廉恥、平和、中國傳統價值觀。這些字詞皆是他心中所篤信並欲極力向世界推廣的做人哲學。

　　要認知並解讀一個商人的成就與價值，並非是在社交場合的喧嘩中，或高談闊論的演說裡，而是存在於此人留予世人的實事中。人生可賦予世界什麼？這一直是呂志和晚年魂牽夢縈於心的思考命題。一直以來，他堅持著他的慈善之路，所幸的是他的 5 個子女亦很認同他要肩負社會責任的價值觀，甚至嘉華集團的員工也都身體力行，盡心盡力為世界作貢獻。他貫以仁厚待人，不喜歡把商場當戰場；他注重以無限的創新、創意融會貫通於有限的資源內，從而獲得事業成功的最大價值。包括在回饋社會過程中，他也是用心思考要如何做到到位，如何將時間、資金等有效地運用，務求爭取更好的成果，幫到更多人。

　　從呂志和身上，筆者切身地領悟到：他是一個有能量的人，具有良好管理時間的能力，具有高效率的行事作風，每天做感興趣之事，見重要的人，善於把握重點，以更充沛的精力迎接更大機遇，矢志追求文明與卓越！

呂志和　儒商仁厚　惠澤四海

汪明荃
演藝常青樹　愛國赤子心

　　汪明荃，生於江蘇省崇明縣，1956 年移居到香港。天性愛表演，中學畢業後應考麗的映聲第一期藝員訓練班，從千多名報名者中脫穎而出，從此展開演藝事業。1981 年，獲選為香港十大傑出青年，是香港首位得到此榮譽的女藝人。1988 年至 1997 年，獲選為第七、第八屆全國人大代表，多次代表香港人向中共表達意見；1988 年 3 月，當選保良局董事局總理；1992 年至 1997 年任第二十六、二十七屆八和會館理事會主席，並於 2007 年再次當選第三十三至第三十八屆理事會主席，任期至 2020 年；1998 年至今歷任第九至第十二屆全國政協委員；2004 年，獲特區政府頒授銀紫荊星章；並先後榮獲香港城市大學頒發榮譽博士學位、世界傑出華人獎、香港演藝學院榮譽院士、香港教育學院頒授榮譽人文學博士學位等榮銜，成就備受肯定。

文：高峰

> 香港在回歸前已確立了中西文化交融的特色，
> 是向海外傳播中華文化的最佳平台。
> 如能在這個基礎上繼續善用中西兼容的文化優勢，
> 在中華文化的世界傳播中一定會更加有所作為。

從 1967 年入行的那個 20 歲小姑娘，到藝壇女王，汪明荃締造了 50 年長青的傳奇，被稱為香港的「娛樂百科全書」。如今，她仍然活躍在演藝一線。2015 年，她憑藉在電視劇《華麗轉身》中的出色演出，在星和無綫電視大獎中獲得「我最愛 TVB 女主角」獎項。汪明荃這部「娛樂百科全書」還在續寫新篇。

演藝生涯：年少成名　藝壇璀璨星光

「我在 1966 年加入麗的映聲第一期藝員訓練班。訓練班畢業時，我拿到的畢業證書編號是『0001』，這是香港歷史上第一張電視藝員訓練班畢業證書。」汪明荃回憶道。畢業之後，她於 1967 年正式成為麗的映聲簽約藝員，從此踏入演藝界。

1968 年，汪明荃主演電視劇《四千金》一舉成名。1969 年，她獲得演藝事業上的第一個獎項——由《華僑日報》頒發的「十大電視明星金球獎」。1982 年，汪明荃在電視劇《萬水千山總是情》裡飾演熱血愛國女學生，並主唱電視劇主題曲《萬水千山總是情》，贏得了無數省港澳觀眾的愛戴。同年，汪明荃趁熱打鐵舉辦了個人演唱會，由此踏入歌壇。1985 年，受中央電視台的邀請，汪明荃代表港台藝人參加了第三屆春節聯歡晚會，並一連演唱了《問候你朋友》、《萬里長城萬里長》、《家鄉》三首歌。汪明荃優美的歌聲和大氣的台風，令內地觀眾耳目一新，一時間家喻戶曉、名聲大噪。

▲ 2017 年 6 月 30 日晚，國家主席習近平在香港會展中心觀看《心連心·創未來》慶祝香港回歸祖國 20 周年文藝晚會，汪明荃擔任此次晚會的主持人。這是晚會尾聲，習近平走上舞台，同主要演職人員一一握手，並與同全場人士一起高歌《歌唱祖國》，祝願偉大祖國繁榮昌盛，祝福香港明天更加美好。

上世紀 70 至 80 年代，那是汪明荃的爆發期，也是香港電視業的上升期，她可謂生逢其時，得以一展抱負。這一時期的香港電視節目進入內地，展現出的時尚面目、靈活姿態與傳奇色彩，一度成為內地觀眾了解「外面的世界」的重要窗口。「雖然我們那個時候拍戲條件不及現在，既沒有特效，又沒有替身，一切都得親力親為，非常辛苦。然而，我們都想做到最好，因此人人都會全力以赴，發揮最大的創造力。」汪明荃說：「現在時代進步了，科技的發展給影視製作帶來了更好的條件，但不管時代如何變化，我認為人的創造力始終是不可取代的。」

寄語同業：探討反思　迎來新機

如今，香港電視業的創造力似乎並不盡如人意，觀眾對於香港電視劇與

綜藝節目的熱情已不復當年，整個電視業進入萎縮的狀態。2016 年，有近 60 年歷史的亞洲電視停播，便是香港電視業萎縮的一個明證。汪明荃說：「香港只有 700 萬人口，本地市場其實很小，這制約了香港電視業的進一步發展。」反觀內地，隨著經濟的發展，電視業正在飛速前行，內地電視台攝製的電視劇如今已成為港人的新寵了。「我最近在看內地重拍的《射雕英雄傳》，這幾天正看到令人揪心的情節，心裡糾結得放不下，拍得確實很不錯。」汪明荃笑著說。1983 年，無綫電視（TVB）拍攝的《射雕英雄傳》成為了內地幾代觀眾的集體記憶，誰會想到在香港電視劇後繼乏力的今天，內地的同名電視劇會「回流」香港，受到香港觀眾的熱捧，這一現象實在值得香港電視界從業員認真地去探討與反思。

不只電視劇，內地綜藝節目近年來的興起也給香港電視業帶來巨大衝擊。之前內地綜藝節目往往被指模仿港台的形式，現在情況大逆轉，TVB 推出的《星夢傳奇》被質疑抄襲內地綜藝節目《我是歌手》，親子類節目《爸 B 也 Upgrade》則被認為與《爸爸去哪兒》極度雷同。「香港電視從業者要多了解內地同行，看看他們在做什麼、怎麼做。」汪明荃說：「有人說內地綜藝製作可以投入很大成本。這確實是事實，但我覺得電視業的創造力絕不僅僅是資金的問題，節目內涵更重要。正如穿衣服一樣，名牌衣服當然好，但沒有內涵也穿不出風采。」

汪明荃還建議香港藝人多點往內地去發展，深入去了解內地的製作模式，她提醒香港藝人：「因為到內地發展需要講普通話，而很多香港藝人連普通話也講不好，所以一段長時間以來反而是台灣藝人在內地的發展較好。因此，我覺得在各個方面，香港藝人都應該要更積極一些。」以王祖藍在內地的發展為例，汪明荃說：「我看王祖藍在內地綜藝節目中的表演，很多都是他在香港綜藝節目中用過的方式，但他在內地賺到的錢和觀眾量比在香港不知道要高出多

少倍。這就是內地市場的力量。」

隨著兩地交流更趨頻繁，到內地發展亦成為了很多香港藝人的選擇。劉愷威、鄭嘉穎、蔡少芬、胡杏兒等在內地劇集中的曝光率遠遠超過在香港了，而且他們在片酬方面的增長自然更是可觀，一線藝人在香港拍一套劇集的酬勞為60至100萬，而在內地拍一套劇集的酬勞可能過千萬，但更重要的是，有些藝人因此而度過了自己在演藝生涯的困難期，迎來新生機。

因此，汪明荃勸籲香港藝人要把握時機：「我們都是中國人，我們也要分享國家的發展成果，所以年輕藝人不妨多到內地尋找機遇。」她又補充說：「我並不是說香港藝人一定全部都要到內地發展，留在香港也可以做出一些有香港特色、適合香港觀眾口味的節目。但多到內地去看一看，了解多一些，學習多一點，對所有的藝人來說，仍然是非常必要的。」

政治參與：愛國愛港　無怨無悔

除了演藝成就外，汪明荃更令人敬重的，是她真摯的愛國心和積極投身社會事務的熱情。早在1984年，她就作為香港演藝界的唯一代表，到北京人民大會堂出席了《中英關於香港問題聯合聲明》的簽署儀式，後來又參與起草香港基本法，並於1988年開始先後擔任全國人大代表和全國政協委員。

汪明荃是香港回歸的見證者，憶及《中英關於香港問題聯合聲明》的簽署儀式時，她說感覺很榮幸，因為這個聯合聲明的簽署意義重大，它確定了香港的回歸時間，而且這是一個明確的、看得到的時間，所以覺得非常興奮和激動。在儀式現場，一眾國家領導人就在她的身邊，這是她以前從沒有想過會發生的事情。

更令她念念不忘的就是1997年7月1日，香港正式回歸祖國的那一天。交接儀式舉行時，她並不在現場，只是通過電視收看的。因為當天早上要舉行一個大型的慶祝回歸的慶典節目，她是這個節目的主持人之一。第一天綵排完畢，

▲ 2016 年 1 月 20 日，汪明荃亮相北京電視台猴年春晚，為觀眾帶來一曲《萬水千山總是情》。

她擔心翌日會塞車，怕趕不及過去，所以沒有回家，就在會展中心旁邊的賓館過了一夜。這個賓館離交接儀式現場特別近，在賓館裡的電視上收看儀式時，想到電視上的畫面正在不遠處進行，想到香港終於回歸到祖國的懷抱，她整夜心情都難以平靜。

汪明荃 9 歲時隨家人到香港定居，在此之前她一直在上海生活。她自豪地回憶説：「小時候，我還戴過紅領巾呢！」然而，在那個年代，內地生活的經歷卻給她的演藝生涯帶來了障礙。當時內地市場還沒有開放，香港的影視作品主要針對的是台灣以及東南亞市場。汪明荃憶述，有一段時間，香港演員若要打入台灣市場，就必須要先加入某個自由工會，當這個自由工會了解到她的生活經歷，知道她曾經在國內生活過，居然要她寫悔改書，才允許加入。當時，汪明荃很氣憤，就責問他們説：「我出生在內地有什麼錯？我就是中國人，有什麼可悔改的？」嚴詞拒絕了他們的要求。結果她的影視作品在進入台灣市場時就受到了影響，有些影視作品雖然進入了，但卻把她的名字從演員表上刪掉了。

▲ 1988 年 3 月 1 日，汪明荃在全國人大七屆一次會議上。

　　1988 年，汪明荃當選全國人大代表。「說實話，當上了才知道不容易。還記得第一次參加會議，整個會議時間長達 18 天。我們住在中央組織部，每天就像讀書上課一樣，開會、討論，閱讀很多文件。當時感到很不習慣，覺得身上的責任很重，很有壓力。心裡想這份工作和我以前的工作太不一樣了。」汪明荃述說時，言語中透露出油然而生的榮譽感。

　　然而，當選全國人大代表之後，汪明荃的演藝事業受到進一步的影響了，這樣一來她的影視作品要進入台灣地區的市場就更困難了。「從 1988 年我當上全國人大代表開始，我的所有電視劇在台灣都被封殺了。因此，整整 10 年時間，我都沒有戲拍。這對我個人的損失很大，我只能從事 TVB 一些主持類的工作。」對於演員來說，長達 10 年的時間沒有電視劇和電影可拍，演藝事業必然會受到影響，在知名度和收入方面也會產生很大的損失，但汪明荃笑著說她從來也沒有後悔過。後來，她乾脆利用這段時間去學習中國的傳統戲曲。沒想到，後來她在戲劇舞台上也得到了很大的發展。

香港回歸之後，她對香港和國家的熱愛更是有增無減，一直積極參與愛國愛港的各類活動。在香港政治發展的重要階段，她都積極作為，為「一國兩制」在香港的實踐，為香港的繁榮穩定貢獻一己之力。2015 年 5 月，正是香港政改方案表決之前人心浮動期間，汪明荃在「顧嘉輝榮休盛典演唱會」獻唱時，特別選擇了電視劇《萬水千山總是情》的插曲《勇敢的中國人》這首歌，用歌聲力撐政改方案。她在歌曲中堅定地唱道：「做個勇敢中國人，熱血灌醒中國魂，我萬眾一心，哪懼怕犧牲，衝開黑暗……」演唱完畢，汪明荃更在台上高呼：「2017，一定要得！」呼籲香港人要愛祖國撐香港，並寄語年輕人：「祖父母輩幫你們創下江山，你們千萬要珍惜。」雖然政改方案因為反對派的捆綁否決未獲通過，但汪明荃對香港的熱愛與寄望，仍然感染著香港市民。

2016 年，香港特別行政區行政長官選舉委員會選舉投票前，汪明荃率領 15 位著名資深文化人合組「文化共融」名單，積極投身選舉事務，冀望能夠

▲ 2008 年 3 月 5 日，來自香港的全國政協委員討論政府工作報告。這是汪明荃委員在朗讀政府工作報告中的片段。

為香港選出一名關注民生經濟、重視文化發展的特首。汪明荃説：「『文化共融』小組有同一個理念，就是希望選出關注本港文化藝術發展的特首，他們的共同政綱有 4 點：加強推動文化發展力度，增加場地及資助，培育文化藝術接班人；弘揚中華文化，重視本土文化發展；推動文化創意產業發展、開拓本地及海外市場；以及優化藝術文化教育政策，將香港營造為文化城市。」最終，「文化共融」全取 15 席，為行政長官的選舉，增添了愛國愛港的力量。

粵劇推廣：傳承藝術　培育新人

粵劇是汪明荃生命裡另一個重要的組成元素。「我自小就喜歡中國戲曲，如越劇、京劇、川劇等，來到香港以後，雖然主要在電視台做節目，但仍然心繫戲曲。因為生活在香港，就自然而然地走上粵劇表演的道路。」汪明荃説。

汪明荃與粵劇的緣分結於 1983 年。那時，她自籌資金搞粵劇，與林家聲合作演出《天仙配》，反應良好。之後，於 1988 年起，與羅家英合組「福升粵劇團」作專業演出。1992 年，她當選香港最大粵劇組織——八和會館的主席，也是該組織首位女性掌門人。

八和會館是粵劇從業人員的專業組織。最早於清光緒年間在廣州成立，1953 年，香港八和會館註冊成立。2009 年，粵港澳三地聯手申報，粵劇獲聯合國教科文組織列入「人類非物質文化遺產代表作名錄」。同一年，香港八和會館發布「粵劇承傳計劃」。汪明荃介紹説，八和會館不僅向全港市民推廣粵劇，還擔任著粵劇的傳承工作，包括「粵劇新秀演出系列：油麻地戲院場地夥伴計劃」、「八和粵劇學院」等。通過這些活動，吸引更多的年輕人。

「粵劇新秀演出系列」是「粵劇承傳計劃」內容之一。汪明荃介紹，自2012 年 7 月推出後，至今已有 127 名新秀演員參與演出超過 140 個劇目。「6位藝術總監（阮兆輝、羅家英、尹飛燕、新劍郎、龍貫天、李奇峰）在這裡手

把手培育新一代台前幕後接班人。」汪明荃說。為培育更多粵劇表演接班人，早在 2009 年，香港八和會館旗下的八和粵劇學院推出「青少年粵劇演員訓練班」。課程採四年制，學員大多是 13 至 20 歲、有志投身粵劇的青少年。

▲ 羅家英、汪明荃領銜主演粵劇《萬世流芳張玉喬》。

多年來，汪明荃為傳承粵劇劇目，培育粵劇新人，提升粵劇創作、演出水平，爭取粵劇演出經費和場地，不遺餘力地奔忙。「香港粵劇生存非常困難，我們所做的一切，就是為了讓更多的觀眾走進戲院，關注粵劇。」汪明荃說：「我們希望能夠與內地戲曲界多作一些交流，以此促進香港粵劇的發展。同時，也希望諸如國家藝術基金這樣的機構能夠為香港粵劇的發展提供支持。」

於香港回歸 20 周年之際展望未來，汪明荃認為香港傳統文化要有穩健的發展，必須要發揮獨特的文化傳播優勢。「以前的改革開放，讓我們把眼睛打開了，看到了外面世界的模樣；現在，是時候向內看看我們的傳統文化是什麼。我們有自己的文化、自己的歷史，回歸就是要找回自己本質的東西。」汪明荃說：「另一方面，香港在回歸祖國之前，已確立了中西文化交融的特色，是向海外傳播中華文化的最佳平台。我深信如能在傳承傳統文化的基礎上，繼續善用中西兼容的文化優勢，香港在中華文化的世界傳播中，一定會更加有所作為。」

林鄭月娥
紫荊綻放　領航未來

❝ 不斷努力，是希望令社會變得更好。
這種使命感一直埋藏心中，至今未忘。**❞**

　　林鄭月娥，香港特別行政區現任行政長官，生於一個香港基層家庭，自小堅毅獨立，在學校是品學兼優的模範生，中學於嘉諾撒聖方濟各書院畢業後，入讀香港大學社會科學系，於 1980 年取得社會科學學士學位後加入香港政府政務職系，2006 年 9 月晉升為首長級甲一級政務官。她於 2007 年 7 月 1 日獲委任為發展局局長，成為主要官員；2012 年 7 月 1 日獲委任為政務司司長。林鄭月娥於 2017 年 3 月 26 日當選香港特別行政區第五任行政長官，並於 2017 年 7 月 1 日就職。

文：王蘇

▲ 2017 年 7 月 1 日，在香港會議展覽中心舉行的香港特區第五屆政府就職典禮上，國家主席習近平（右）為行政長官林鄭月娥（左）監誓。　　　　　　　　　　（圖片出處：香港政府新聞處）

香港洋紫荊，典雅莊重、沁人心扉，她植根於香港大地，在春寒料峭中盛開綻放，堅韌不拔。晉代詩人陸機詩曰：「三荊歡同株，四鳥悲異林。」詩中所説的紫荊花與洋紫荊雖非同種，一為香港本土植物，一在內地盛放繁衍，但同名為紫荊，猶如異地兩生花。在中國傳統文化中，紫荊花有骨肉分而復合的寓意，象徵著和睦、興旺、美好，正與香港重返祖國懷抱的意味吻合。今天，洋紫荊不僅是香港的區花，也是香港的象徵。

在香港回歸祖國 20 周年之際，筆者有幸赴香港特區政府總部採訪新任行政長官林鄭月娥。特首辦會客室內，肅穆沉靜、寬敞大氣，宛如紫荊花般的香港特區政府行政長官林鄭月娥在此用了一小時的時間，接受了筆者一行的獨家採訪。

在愉快的氣氛中，林鄭月娥流暢、思路敏捷的談吐，彰顯著她對政府工

作的胸有成竹，以及對香港未來的信心與期望。

2017 年 3 月 26 日，香港特區第五任行政長官選舉在 1,186 名選委投票、投票率達 99.33% 的情況下，林鄭月娥以 777 高票當選，得票率約 65.51%，成為香港開埠 176 年來首位女行政長官。

娓娓而談的林鄭月娥，顯現著領袖人物的睿智與胸襟；靜默傾聽的林鄭月娥，又透著嫻熟女性的溫婉清雅與平和。她渾身散發著的女性之光，耀人眼目。

首任女特首擔當使命

新任特首林鄭月娥表示，適逢香港回歸祖國 20 周年，這是個很好的回顧及展望時機。

她回憶說，香港回歸後的 20 年來她一直在香港特區政府工作，從執行政府工作的角度來看，最關鍵的是要看能否在工作中保持初心；在貫徹「一國兩制」構想的概念時，是否能夠堅守政策制定之初衷，而有「保持香港的繁榮穩定」之本意與作用？她欣慰地說：「無論從哪個角度看，政府都已經達到了保持香港繁榮穩定的目標。」

回顧過去這 20 年，香港經歷過兩次金融危機，她認為特區政府皆能妥當處理，令香港經濟復甦，得以穩定增長，實屬不易。當然，過往 20 年香港經濟增長仍談不上令人興奮，政府應該可以加把勁令香港經濟有更好的發展。然而，香港確實達到了當年設想「一國兩制」的目的，保證了香港的繁榮和穩定，並在基本法框架下保障了人民的權利、人民生活的自由、經濟的自由、集會的自由，雖遊行示威活動頻發，但仍穩居全球最安全城市之一。

她指出，香港的法治評級長期處於世界前列，而司法獨立更於全球 138 個經濟體中排行第八，並高居亞洲首位；2016 年的整體罪案率創 1972 年以

來的新低。香港人口只有 700 多萬，卻有 5 所大學躋身全球 100 強。從這些數字顯示，足以看出香港的優勢和回歸後的成果。

她由衷地說，這些成就一是歸功於「一國兩制」政策；二是歸功於國家在這 20 年中的改革開放，令香港直接受惠於國家經濟的高速發展；三是歸功於香港人民素有的堅韌不拔和不斷創新的精神，能在瞬息萬變的社會環境中找到自己的發展定位。

「一國兩制」是個無先例可循的開創性國策，在「一國兩制」落實過程中，必然會出現新問題、新矛盾，林鄭月娥認為這些都可以理解。

她曾在就職演講中強調：要向香港 700 多萬人負責，也要向中央政府負責。她給自己 4 項任務，要準確、全面履行行政長官的責任：「我會竭盡所能，堅定擔當『一國兩制』的執行者、基本法的維護者、法治的捍衛者及中央和香港特別行政區關係發展的促進者。」

香港人若以後仍對自己國家保持疏離，與內地人產生爭拗，林鄭月娥表示自己作為行政長官要負極大責任。她認為，香港社會近年出現的新情況和矛盾，無論對其施政的領導智慧，還是調解能力、耐心與包容方面，都是極大的考驗。

促進香港與中央政府建立良好關係，本是特首理所當然的責任，但林鄭月娥感覺因有人故意將行政長官置於中央與香港人之間，令她成為磨心，這是未來在施政方面將面臨的重大挑戰之一。

「硬淨」、「好打得」局長

1957 年 5 月，林鄭月娥出生於香港基層家庭。兄弟姊妹 5 人，她排行第四。小一至中七於嘉諾撒聖方濟各書院就讀。連祖母在內一家 8 口，生計全靠當船員的父親一力承擔，經濟拮据，一家人只能蝸居在狹窄的板間房內，

▲ 2017 年 7 月 4 日，行政長官林鄭月娥（前排中）上午召開新一屆行政會議（行會）首次會議。圖示林鄭月娥與政務司司長張建宗（前排左五）、財政司司長陳茂波（前排右五）、行會非官守議員召集人陳智思（前排左四）和其他行會非官守議員在會議後會見傳媒時合照。

（圖片出處：香港政府新聞處）

當時好學的她不得不以床當書桌溫習、做功課。然而，艱難的生活環境，造就了她刻苦耐勞的精神，促使她早早明白讀書的重要性。她學習努力，幾乎每次考試均獲第一名的佳績。有一次偶然「失手」只取得第四名，即忍不住自責大哭。學習成績優異的林鄭月娥還曾擔任總領袖生，1976 年順利考入精英學府香港大學，1980 年取得社會科學學士學位。

大學畢業後，林鄭月娥考入港英政府公務員系統工作。從 1980 年到 2017 年，林鄭月娥已在政府系統裡足足工作了 37 年。她先後擔任助理保安司、副庫務司、社會福利署署長、民政事務局常任秘書長、發展局局長、政務司司長等職務，2016 年 10 月 29 日獲香港特區政府頒發大紫荊勳章。而令她聲名鵲起、廣為人知的，是她擔任發展局局長期間處理皇后碼頭拆遷問

題時的表現，成為了她仕途的轉捩點。

皇后碼頭於 1925 年建成。2000 年，因要配合香港政府中環填海計劃，皇后碼頭被列入清拆名單。香港民間團體反對清拆，認為這是代表香港人集體回憶的地方，要求將碼頭列入法定古蹟名單予以保護。

2007 年 7 月 29 日，時任發展局局長不足一個月的林鄭月娥隻身前往皇后碼頭，面對反對清拆的眾多示威人群，她開宗明義地說：「如果要求政府承諾不遷不拆對話才能進行的話，對不起，我做不到。」接著她以事實、道理，耐心地向民眾說明為什麼不能把皇后碼頭列為法定古蹟。此後，儘管清拆的做法在香港仍有爭議，但林鄭月娥不回避問題、勇於迎難而上的行事作風，贏得了「好打得」局長響名。

「好打得」局長，除了辦事能力、效率高之外，還非常「硬淨」，不怕威嚇，堅持原則。當年取締新界村屋僭建一役，一些鄉事代表在集會時公然焚燒她的人像，又以惡毒的語言咒罵她，但林鄭月娥不為所動，堅持一視同仁地執法，贏得市民及政界一致好評。

林鄭月娥服務香港 37 載，從政務主任做到政務司司長，工作幾乎涉及所有政策局。她素來作風「硬朗」，勇於擔當，敢於處理棘手與極具爭議性的問題，其堅決果斷的處事手法令人稱道。

落實方案　締造更好未來

當筆者問起在過往政府工作的歷程中，什麼令她感受至深，林鄭月娥表示，服務社會、改變社會、體會人民需要、做人民的公僕，使自己在工作時有很大的動力。兢兢業業工作的目的並非僅僅是為了有份「糧」可得，30 多年前加入政府工作，是希望在現有體制內可以為社會現狀帶來一點改變，不斷努力，是希望令社會變得更好。這種使命感一直埋藏心中，至今未忘。因

此，她也希望為香港的下一個 20 年作出貢獻，相信社會將會變得更好。

她指出，過去 20 年香港平均每年的經濟增長為 3％以上，有些人士認為與發達經濟體如多個歐洲國家相比，成績算是不錯。然而，她認為香港有經濟高速發展的祖國作後盾和支持，香港不應該、也不能甘心像那些已發展成熟的經濟體般陷入經濟低增長漩渦。

她堅信，在未來 5 年，香港應扎實地打好經濟根基，包括持續搞好傳統的優勢產業如金融、物流、航運、旅遊等，令這些產業的地位進一步得到鞏固和提升，做好轉型升級；還必須將工作落實在行動上，並非光造造聲勢而已。

她憶起 2008 年金融海嘯後，香港政府成立了「經濟機遇委員會」，著力推動 6 大優勢產業發展，但這麼多年來，仍有很大發展空間。未來 5 年她將認真著力於多元化經濟的發展，在 6 個產業中再選出香港具優勢的創新科技、創意產業這兩大產業板塊，重點透過政策支持、資源投入、提供稅務優惠等積極的措施，加強推動兩大產業的發展。

努力讓青年一代受惠

談到關於青年教育及青年未來時，林鄭月娥頗為興奮，她指出，青年教育是其施政重點。在今屆三位特首候選人的政綱中，她是唯一一位以整個篇章暢談青年問題的，而且將這段文字置於施政報告最重要的章節裏。

她強調，她除了希望青年於教育、醫療、產業多元化、優質就業等方面受惠外，亦希望青年能有國家觀念和國際視野，要有香港情懷、珍惜香港。將來政府會給予青年多些參政、議政、論政的機會，藉此加深青年人對政府的了解和信任，培養他們成為未來的社會領袖和政治人才。

要令社會達成理想的狀態，具體的做法就是先由教育著手，有好的教育

▲ 2017 年 7 月 11 日，行政長官林鄭月娥下午在行政長官辦公室與國家商務部國際貿易談判代表傅自應會面，就雙方共同關心的課題交換意見。　　　（圖片出處：香港政府新聞處）

就能培養出好的人才；好的教育要有好的環境、好的老師。

　　她舉例說，剛剛投放的 36 億港元教育撥款和新資源，很多都將擺放在老師身上，為老師提供一個穩定的教學環境，希望減輕他們因工作量太大所帶來的繁重壓力，不致影響教學品質。

　　在青年就業方面，林鄭月娥列舉實例說，除了透過多元化經濟，為青年開創多些優質就業機會外，還會著手實施協助青年創業的政策，例如建立「青年發展基金」，設立可幫助青年創業的「共用工作空間」等。

　　她承認，關於青年置業是比較頭痛的問題。對於青年置業訴求，當前恐怕難以即時令青年得到滿足，一是因為土地供應滯後、樓價高，另外即使是建起了新樓宇，也須先滿足輪候已久的家庭。

　　林鄭月娥希望未來 5 年政府可開發更多的土地，或者修訂一些政府資助

政策，甚至為其重新定位，令青年對未來置業有個希望，即使現在難圓「安居夢」，等未來事業有成，儲下一定資金，也可購買到一些不受市場炒賣影響的合理價格的樓宇。

國策戰略香港機遇

談及「一帶一路」、「粵港澳大灣區」時，林鄭月娥認為這兩個國策都將為香港帶來很大機遇。

「粵港澳大灣區」的范圍就是「大珠三角」，香港與其向來聯繫密切，「粵港澳大灣區」11個城市中很多經濟項目都是以港商投資為主。林鄭月娥認為，對香港而言，「粵港澳大灣區」建設並非是從無到有、需要由頭去開發的經濟體，所以對於大灣區的發展，應著眼於如何讓9個城市加2個特別行政區共同發揮灣區經濟的功能，繼而將灣區優勢輻射到全國範圍。她建議粵港澳三地政府要認真商討，理清各自優勢、強項，分工協作，從而達到互利共贏，共創輝煌。

她說，7月1日在國家主席習近平的見證下，粵港澳三地及國家發改委已共同簽署《深化粵港澳合作推進大灣區建設框架協議》，有效期為5年。《框架協議》提出以全面準確貫徹「一國兩制」方針，完善創新合作機制，建立互利共贏合作關係，共同推進「粵港澳大灣區」建設為合作宗旨，並訂下合作目標和原則。內容包括：推進基礎設施互聯互通；進一步提升市場一體化水平；打造國際科技創新中心；共建宜居宜業宜遊的優質生活圈等。

她談到，涉及三地的政策有很多，有些需要爭取中央方面的支持，比如針對大灣區的稅務政策優惠等。她指出，「粵港澳大灣區」建設已提升到國家政策層面，希望「大灣區」各成員城市間有更多的合作，形成整體

推廣宣傳的作用。

　　她舉例說，當有外來投資創新科技項目時，項目的哪些部分可放在香港做，哪些部分可放在深圳或者佛山做，要依據各城市的優勢去作安排，滿足整個投資項目在研發、製造、推廣，以及法律、保險等多方面的需要。

　　談到「一帶一路」倡議會給香港帶來哪些機遇時，林鄭月娥指出，香港是外向型的經濟體，香港需要走出去。「一帶一路」沿線 60 多個國家將給香港企業在投資、營運、金融服務等方面提供更多機會。

　　她笑指，以後將更少聽到她提及香港是「超級聯繫人」這一詞，因聯繫人只是負責聯繫。她認為，除聯繫外，香港擁有更多能力，是個會持續增值的地區，同時也是優秀的投資者；另一方面，內地有很多企業在海外尋求投資項目，歐洲、澳洲等國也有很多項目，香港可在內地及各國去購買優質的項目，直接作為投資人角色參與投資；再者，香港有優質的營運能力，擅長專業服務，以往香港的專業服務主要集中在香港本地及內地，但地產、商場營運、城市管理等的專業經驗是可帶動出口的，這些專業經驗可以運用到「一帶一路」沿線城市去。

　　林鄭月娥再舉例說，港鐵公司在悉尼投資的西北鐵路線，將於 2019 年投入服務，屆時港鐵將會在鐵路營運上擔當領導角色；港鐵還提供鐵路顧問服務，參與興建及營運倫敦地上鐵、深圳地鐵、北京地鐵等城市的鐵路系統；還在瑞典開展優質城際新列車服務等。未來港鐵也可在中東、越南等地擔當營運者，所以「一帶一路」對香港而言，所產生的機遇將會更多。

　　就香港過往經驗而言，在大灣區的營運會比較簡單，而在「一帶一路」沿線的營運就相對複雜了，這是需要政府做較多前期工作的。特區政府在國外已有 12 個經濟貿易辦事處，並計劃再開多 5 至 6 個經濟貿易辦事處，其中許多設在「一帶一路」沿線國家，有助於香港企業進入「一帶一路」沿線市場。

精誠團結新班子

談及新班子的表現時，林鄭月娥快慰地笑説：「班子首月表現雖算不上非常完美，但感覺還可以。班子中雖沒有很亮麗的個體，但卻是一個具團隊精神的團體。習近平主席會見新班子時亦表示，團隊精神很重要。如果當中有一個人不好，整個團隊就會不好；一個人好，整個團隊就會好。我對新班子也是如此要求，有些事情必須要團隊一起去做。」

她介紹説，不久前中學文憑試放榜，她便向官員提出，每個人都要回到自己的母校，去給中學生們打打氣。這體現的就是團隊精神，而非「做秀」。

她希望整個政府的成員都關心年輕人，而不只是負責青年工作的官員，也不只是行政長官在關心。她告訴筆者，新班子履新後的第一個星期，便開了一個集思會，希望盡早把大家的理念統一，把重點工作説清楚。她承認她對新班子要求很高，就是要落區，以前沒有去過的地方都也去了解。新班子要讓市民看到的是整個團隊在施政，而非一個人。

至於上任第五天即主動出席立法會答問大會，提出要致力改善行政立法關係，林鄭月娥表示，尊重在基本法的保障下，立法機構對行政機構有限制的職能，比如對政府工作提出質詢、審核的提案、通過撥款建議等。

她不期望立法會與政府一直很對口，因為所有地方的政府與議會皆會保持一種既相互合作，又相互制衡的關係。

關於如何建立良好

▲ 2017 年 7 月 2 日，行政長官林鄭月娥（左二）到紅磡家維邨探訪長者。旁為香港房屋協會主席鄔滿海（右一）及九龍城區議會主席潘國華（右二）。

時代巨擘——他們眼中的香港二十年

▲ 2017 年 7 月 20 日，行政長官林鄭月娥在香港會議展覽中心出席香港青年協會的「青年與特首逛書展」活動，與年輕人一起參觀香港書展。　　　　　　　　　　（圖片出處：香港政府新聞處）

的行政立法關係，林鄭月娥則認為，首先要有一個理性討論的空間，不能對人不對事，不能見人就罵；其次是要以香港市民的最大利益為依歸。政府提出的建議，反對者總是會批評，重要的是要尋求最大公約數。

她強調，政府會盡最大努力施政，但若動輒將問題泛政治化，這將嚴重阻礙香港經濟和社會發展。

動人綻放女性之光

她是香港之光，是特區政府最高行政長官；她又是先生的好太太、兩個兒子的好母親。

她對筆者說：「不可為事業發展放棄親子時間，女性要以家庭為重。」

她直言：「小朋友在成長過程中，小時候很需要你，長大了就不需要你了。」所以孩子小的時候，她會讓孩子張開眼就能看見自己，每晚等孩子休

▲ 2017 年 7 月 9 日，行政長官林鄭月娥在「中國傳統文化廟會嘉年華」上致辭。

（圖片出處：香港政府新聞處）

息了才開始自己的工作。

　　林鄭月娥相信，放時間在孩子身上是有回報的，孩子明白父母對自己的關懷，當他們有事時會當父母知心人般將心事與父母分享。為了多照顧、管教孩子，她不管職位多高、工作多忙，在適當的時候都會陪在孩子身邊，這體現了林鄭月娥對家庭的責任和一顆關愛孩子的慈母心。

　　兩位兒子都是劍橋大學生，她又是如何培養孩子的呢？在林鄭月娥的朋友眼中，她「有同理心、友善、體恤別人、而且風趣」，這一定會在潛移默化中對孩子產生積極的影響。這些特質，根源於她過去幾十年成長、奮鬥的經歷。

　　關於教育孩子，林鄭月娥認為，小孩子自己會學習，你只要給他一個啟發、富滿足感的環境就好。尤其是今日世界網絡發達，根本不用父母灌輸知識，反而父母要做的是培養孩子追求知識的熱誠與動力。

　　林鄭月娥認為，當子女稍微年長時，就要平等交流，不要以大人的口吻

去教訓他們。當孩子們長大了，她鼓勵為人父母的要給孩子應有的個人空間，她說孩子年長了，不可過多關注，處理不好則會影響母子關係。

林鄭月娥與丈夫林兆波幾十年如一日相互扶持，為兩個兒子營造了溫馨有愛的家庭環境。

林鄭月娥微笑著對筆者說，她現在的時間幾乎都用於工作上，她的愛好就是工作。

這位香港特別行政區首任女行政長官，綻放的洋紫荊，肩負著天地賦予的使命，將帶領著香港邁向更繁榮的未來！

范徐麗泰
香港首任立法會主席的
俠骨柔情

> " 香港的未來，在年輕人的身上，
> 在於每一個人以什麼樣的心態對待自己的生活。 "

　　范徐麗泰，祖籍浙江寧波，生於上海，是香港首任立法會主席，現任港區全國人大代表及全國人大常委會委員。於聖士提反女子中學預科畢業後，入讀香港大學理學院。1969 年至 1973 年，於香港大學先後修讀了人事管理文憑及社會科學碩士。大學畢業後，曾先後於香港大學和香港理工學院工作。1983 年獲委任為立法局議員，1989 年起兼任行政局議員。1993 年起，先後擔任香港特別行政區籌備委員會預備工作委員會委員及香港特別行政區籌備委員會委員等職，並於 1997 年至 2008 年先後擔任臨時立法會及立法會主席。2007 年獲香港特區政府頒發大紫荊勳章。

文：左婭

▲ 2011 年 6 月 3 日，范徐麗泰與時任國家副主席的習近平握手。

1997 年 7 月 1 日，在香港回歸祖國的偉大歷史時刻，她曾聚焦全球的目光：時年 53 歲的她，梳著幹練短髮、戴著金邊眼鏡、身著黑色套裝和琥珀色圍巾，高舉起右手，帶領全體臨時立法會議員莊嚴宣誓……她是范徐麗泰，香港特區首任立法會主席，也是香港歷史上第一位立法機關女主席。

她是自帶光環的女子。可走近她時卻只感到親切。我們的採訪約在一個星期五的午後。前一天下午，她親自打電話跟我確認時間，又莊重地親筆回覆了傳真。儘管我們事前告知會拍照攝影，她仍然素顏亮相。她回答問題十分認真，幾次停下來核對細節，她的雙眸清澈閃亮，所散發出來的美，勝過所有粉黛。

初出茅廬：懵懵懂懂地被命運推上政治舞台

說范徐麗泰出身富商巨賈之家也不為過。她的父親徐大統是當時的「上海紙業大王」。4 歲時，范徐麗泰隨父親舉家遷往香港定居，住在著名的「富

▲ 2013 年 3 月 7 日，范徐麗泰與全國人大常委會張德江委員長握手合照。

人區」──港島半山，那時家裡光傭人就有 20 多個。

　　大學時期范徐麗泰就讀於香港大學。在港英時期，大學生是天之驕子，考入香港大學，更是半隻腳踏進了公務員的大門。然而，范徐麗泰職業生涯最初的一段時光，卻和政治不沾邊。

　　大學畢業後，她先是在香港大學就業輔導處擔任行政助理，在港大就業輔導處一做便是 7 年。7 年後，剛剛成立的香港理工學院需要一位學生事務處處長，范徐麗泰便接受了這份新挑戰。也是這個時候，剛剛結婚兩個月的徐麗泰「被迫」改名范徐麗泰──校方不顧她的反對，堅決按照當時「政府的規矩」行事，給徐麗泰冠上夫姓。

　　1983 年，中英兩國政府就香港回歸祖國的談判進行得如火如荼時，范徐麗泰還是香港理工學院的學生事務處處長，完全置身事外。那年暑假，范徐麗泰度假回來，忽然被告知時任港督尤德找過她。「找我幹什麼呢？」范徐麗泰的第一反應是，「很奇怪」。

更令范徐麗泰摸不著頭腦的是，港英政府原來是想要委任她做立法局議員。「職權」就是來得這麼突然——在 1993 年之前，香港立法局作為議事諮詢機構，主席全由港督兼任，所有成員也都由港督任命。香港市民是沒有發言權的。

直到 23 年之後，范徐麗泰已是第三次當選香港特區立法會主席時，在母校聖士提反女子中學的一次師生聚會上，她才得知自己走入政壇的機緣：原來，是港英政府一名高官曾請老校長白居雅推薦一些邏輯思維比較好、各方面都比較平均的畢業生，白居雅便推薦了范徐麗泰。

對范徐麗泰而言，從政這條路，頗有點被「命運」推著走上去的意味。

嶄露頭角：為解決「越南船民」問題舌戰群儒

剛被委任為立法局議員時，范徐麗泰還不知道「什麼是政治」。第一次開會，她就穿了件更像是大學教職員、而「不像」立法局議員的衣服。在大會發言時，她會怯場，「手抖、聲音也抖」。但是，范徐麗泰身上有股認真勁兒，「爸爸教我做人要一諾千金，答應了就要做。」凡事認真的態度，讓范徐麗泰漸漸贏得了香港市民的尊敬。

范徐麗泰嶄露頭角是在上世紀 80 年代中期，她以立法局保安小組召集人身份果敢地處理了越南船民問題。

越南戰爭結束後，大批越南難民逃亡。英國政府要香港擔當起「第一收容港」的角色，承諾無條件收容越南船民。這一做法為英國在國際上贏得了掌聲，卻給原本就苦於人多地少的香港帶來了沉重的負擔。不斷湧來的越南難民，大多數其實都是經濟難民，只為在香港等待移居海外。而包括美英在內的西方國家並沒有像美國之前宣稱的那樣，接納所有到香港的越南船民，以致數以萬計的越南船民滯留香港，要香港付錢照顧他們的飲食起居。

「我決定自己走出去，到國際社會為香港反映實況，以討回我們應有的公理和公道。」范徐麗泰說到做到，自 1986 年開始，除了公務和會議，范徐麗泰還利用度假或旅遊的機會四處奔走，約見英美議員、官員乃至國際人權組織代表，在美國耶魯大學的國際會議上舌戰群儒，與美國右翼議員公開辯論……終於，越南船民開始得到「有秩序遣返」，直至香港特區政府成立，「越南船民」問題才畫上句號。

不畏強權，為香港的利益據理力爭，令不少人由衷為這位女議員的「俠氣」「點讚」。

果敢抉擇：為香港順利回歸貢獻力量

然而，1992 年，在外界覺得范徐麗泰當議員已經「當出感覺」的時候，她卻毅然辭去立法局議員職務。原因是與末任港督彭定康意見不合。

「彭定康推行的所謂『政改』可以說是『三違反』：違反了中英聯合聲明，違反了與基本法相銜接的原則，以及違反了中英兩國外長交換的幾封信件內容。」范徐麗泰說，這迫使中方放棄立法局「直通車」的安排，令 1995 年選出來的港英時期立法局議員，不能直接成為香港回歸後的第一屆特區立法會的議員。

為此，1993 年 7 月，中央政府成立香港特區籌委會預備工作委員會（簡稱預委會）。或許因為在處理越南船民問題時展現出來的果敢認真，或許因為一心「為了香港好、為了香港市民好」的那份單純，范徐麗泰收到了中方希望她參與其中的邀請。

初初接到邀請時，范徐麗泰也曾猶豫，她知道如果接受這個邀請，難免會給自己惹來非議。這時候，她的俠氣就散發了出來——她毅然決斷地擔起了預委會社會與保安專題小組港方召集人的職責。

「當時彭定康因為和中方鬧得不愉快，如影響到將來香港不能夠平穩過渡的話，只會令香港市民受罪。」范徐麗泰說：「若不挺身而出，我一定會後悔和內疚。我不可以在香港最需要幫忙的時候，只懂躲在一旁。」

按照范徐麗泰的風格，既然應邀，就要認真對待，當好中央和香港的溝通橋樑。范徐麗泰回憶，回歸前夕，香港人最關注的就是能不能做到「生活方式不變」。毋庸諱言，那時候不少香港人對中英聯合聲明、基本法是否能得到執行是心存疑慮的。所以香港人特別在乎紀律部隊會不會歸公安部管？警察的執法程序會不會改變？警隊自身也有這個擔憂。

由於港英政府不接受預委會，范徐麗泰就以個人名義，邀請時任公安部常務副部長田期玉來到香港，在當時的富麗華酒店大宴會廳，現場回答香港紀律部隊的問題，談他對基本法的看法。當時香港媒體都被邀出席，與會人士會問什麼，事前是不知道的。范徐麗泰說：「國家的高級領導用這種模式跟香港人對話，以前是沒有過的，以後也較少用，但是效果非常好，有利於安定人心。」

另一個讓范徐麗泰印象深刻的故事是關於護照的問題。回歸前夕，有很多香港人除了英國海外護照外，同時持有加拿大、澳洲或其他國家的護照。由於中國的國籍法只承認單一國籍，他們很擔心回歸後不能保持香港永久居民身份，有被遞解出境的風險。要知道，在港英時期，遞解出境是不需要經過審判的。

「我當時想盡辦法，想令他們安心。」范徐麗泰說，但沒想到的是，時任國家主席江澤民在一次出訪加拿大時，明確表示持有加拿大護照的香港人可保持香港永久居民身份。1996 年，全國人大常委會專門就國籍法作了解釋，解決了這個問題：所有持有外國護照的香港永久居民，只要不放棄中國籍，就會被視為是中國公民，其他護照則被視為旅行證件。

「當時香港人還擔心回歸後，香港特區護照的免簽國可能會減少。我們表達了這個擔憂並取得外交部的大力協助。」范徐麗泰説，後來的事實是，回歸後香港特區護照的免簽國比之前的英國海外護照還要多。

親歷盛事：擔任香港特區立法機關主席

1997 年 7 月 1 日，是香港歷史上最重要的一天，也是范徐麗泰終身難忘的一天。在回歸大典上，范徐麗泰以臨時立法會主席的身份，帶領全體議員莊嚴地宣讀誓詞。

對宣誓，范徐麗泰十分認真。她説：「回歸是一件大事，並不只是香港人關心，亦是關乎全世界的所有華人的歷史大事。我在宣誓之前就不斷想，在回歸大典上參與宣誓就職典禮，一生只有一次，在全球觀眾的注視下，我必須表現出我們中國人的志氣。我必須要挺直腰杆，自信地、清晰地、有力地、唸出誓詞。」

認真，是伴著香港人把香港從小漁村打造成國際大都會的重要品質。這個品質，在范徐麗泰身上有很好的體現，不僅在宣讀誓詞時，更在踐行誓言的過程中。

臨時立法會（簡稱臨立會）作為香港特區在第一屆立法會成立前的立法機關，其任務是通過特區成立時必不可少的法律，確保平穩過渡，避免特區成立後出現無法可依的真空期。1997 年 1 月，范徐麗泰當選為臨立會主席，開始工作。

英國政府是反對成立臨立會的，當時港英政府自然不承認臨立會，不允許臨立會在香港設辦事處及開會。因此，臨立會只能在深圳開會，會議內容包括逐條審議《香港回歸條例》（簡稱回歸法）中的 13 個法律草案及特區成立後原有法律的詮釋、法官的任命，以及公務人員體系的延續等等。

「現在有些年輕人以為基本法是沒有徵求過港人意見的，這是他們不了解歷史。」范徐麗泰說，當時基本法起草委員會也好、基本法諮詢委員會也好，香港各界都有人參與了，而且提的意見很多都被採納，成為基本法內的條文。

香港特區成立後的第一次臨立會會議，是在 1997 年 7 月 1 日凌晨 2 點 45 分召開的。連夜開會，為的是盡早完成回歸法的立法程序。開會地點不是在立法會大樓，而是在灣仔會議中心新翼三樓。特區成立儀式結束後，臨立會議員就直接去三樓開會了。

儘管要爭分奪秒，對規則的執行仍須嚴謹認真、分毫不差。「回歸當天凌晨臨立會通過的回歸法及其中附含的 13 部法律，都是經過嚴格的立法程序，充分考慮了港人的意願及香港的實況。」范徐麗泰說。

因為之前在深圳早有充分討論，回歸當天臨立會的開會效率就特別高。凌晨 3 點多，臨立會通過了回歸法，會議結束。臨立會秘書立刻拿著回歸法到時任行政長官董建華家裡給他簽署，他簽署了之後就成為有效的法律了。7 月 1 日凌晨 5 點前，多數人還在睡夢中時，香港特區的法律就都已經正式「到崗」了。

范徐麗泰回憶，香港回歸之初，回歸法幾次受到挑戰。有次，在法院的一件刑事案中，辯方律師提出臨立會是非法組織，因此回歸法無效，高等法院上訴庭一致裁定臨立會乃合法組織。1999 年，臨立會的合法性再次在香港居留權案中被挑戰。終審法院一致裁定臨立會是合法組織，其通過的法例有效。

公正履職：「請」不遵守《議事規則》的議員離開

1998 年中，臨立會完成歷史使命，功成身退。在同年舉行的香港特區

立法會選舉上，范徐麗泰當選為香港特區第一屆立法會主席。2000 年，范徐麗泰再次當選香港特區立法會主席。2004 年，范徐麗泰在港島區參加直選，以 65,661 票第三次當選香港特區立法會議員，並再次連任立法會主席。由臨立會算起，前前後後，范徐麗泰做了 11 年香港立法機關的主席。

公正，是范徐麗泰做主席的風格。范徐麗泰説：「做立法會主席要保持中立，對市民關心的問題不能公開表達意見，所以選民可能有個印象：你沒有幫我爭取。就算我真的幫選民爭取了什麼，也不會公開説我曾經做過些什麼。當你坐上這個位置，就應該保持低調，別人才會覺得你公平、公正，不偏不倚。」

因此，也有人稱立法會主席為「孤獨的主席」。對此，范徐麗泰認為，想在市民和其他議員中獲得公信力，就要願意在某些方面作出犧牲，比如，她與其他議員的關係，只能是「君子之交」了，「我坐上主席這個位置，就沒有人情講了。無論關係多好，如果對方在議事堂做得不對，我也沒法子留情面。」

公正，當然還包括嚴格執行《議事規則》。

當時立法會的議員，都是知名人士，通常不會在議事堂故意搗亂，丟自己的臉。當時的議事堂，也有「三不講」原則：一不可説黑社會用語；二不可説粗言穢語；三不可説冒犯他人的話。

范徐麗泰認為議事堂是嚴肅莊重的地方，議員肩負著香港市民的託付，更是要嚴肅認真地對待這份工作，因而對上述原則極為重視，在會議期間都以非常謹慎的態度，確保各議員遵守《議事規則》。

范徐麗泰回憶，港英時期的立法局，絕對沒有人敢在議事大廳扔東西。回歸之後，立法會的自由度大了，主席面對的局面也複雜起來。到范徐麗泰第三次當選立法會主席後，就開始有議員不遵守議事規則。比如，有時候綽

號「長毛」的梁國雄議員把一些通常用於「示威」的物品帶進了議事廳，或是站在座位上「叫囂」。范徐麗泰會毫不猶豫地按照《議事規則》辦事，對他說：「梁議員，如果你聽我勸的話，坐下來繼續開會；如果你不聽我勸的話，那就請你離開會議廳，別再參與會議了。」

「不過，那時還沒有拉布的情況，也不會有議員對特首擲玻璃杯。」范徐麗泰說。面對如今個別立法會議員的一些行為，包括不尊重宣誓、倒插國旗區旗等，范徐麗泰表示，立法會始終是莊重地方，要有個規矩。這也警醒香港要更加重視對年輕人的教育，不僅要讓年輕人了解香港、了解國際，更要了解祖國。

不懼波折：捐腎救女，毫不猶豫；罹患乳癌，坦然面對

在立法會議事大廳的高背木椅上，范徐麗泰總是一副正襟危坐的威嚴形象。但如此就當她是那種埋頭工作、犧牲家庭的人，就真是錯了。范徐麗泰和丈夫范尚德育有一兒一女，一家四口常常一起去旅行；丈夫患病期間，她不眠不休照顧左右；她真心喜歡夫家感情親近的大家庭，曾與婆婆和小姑同住，和小姑還是閨蜜。她捐腎救女的故事，更是讓人由衷地敬佩。

1994 年夏天，范徐麗泰正在北京開預委會會議，忽然接到壞消息——在加拿大求學的女兒罹患急性腎炎。同年 7 月，女兒被證實患上腎衰竭，有天甚至嚴重到抽搐得無法控制，只有送到深切治療部接受全身麻醉。

一貫給人「女強人」印象的范徐麗泰，面對女兒突如其來的患病，也曾像個普通的小女人一樣悲傷焦慮，甚至感到「撐不下去」。她不明白，為什麼這樣的波折，要降臨到十幾歲的小女孩身上，恨不得能夠自己替她受苦。

那段時間裡，范徐麗泰既是參與國家大事的預委會委員，又是對女兒呵護備至的慈母。女兒每星期要做兩三次腎透析，每次要三個小時。每次預委

會開完會，范徐麗泰總是馬上飛去加拿大，照顧女兒。平時女兒飲食都要忌口，反而在透析的時候可以吃一些喜歡的食物。范徐麗泰就會趁她在透析期間外出去買一些好吃的回來，每次都趕得滿頭大汗。

然而，每星期洗腎，終究是會影響正常生活的。於是全家作出決定，一起去醫院驗血，為女兒捐腎。驗血的結果是范徐麗泰的血型最適合。於是，1995 年 12 月的一天，范徐麗泰躺上了手術台，割了一顆腎給女兒。范徐麗泰說起這段經歷時輕描淡寫，她完全不覺得這是多麼英勇的行為，只覺得是一個母親的本能。

2001 年，一次不經意的身體檢查中，范徐麗泰被發現患上乳癌。女兒患病時，范徐麗泰曾經多愁善感，發現自己患上乳癌時，范徐麗泰卻很平靜，「我並不太擔心，畢竟是 50 多歲的人了，總會有生病的時候吧。」

2001 年 9 月，范徐麗泰接受了乳癌手術。2004 年，丈夫范尚德離世。但這些生活的磨難都沒有打倒范徐麗泰，在立法會議事大廳高背木椅上，她依然莊重認真、一絲不苟。堅毅，且堅定。

「她（范徐麗泰）堅韌不拔的氣質，默默中散發出來的『俠氣』，可以說是中國女子的樸實品格，如果她是我的阿姨或姊妹，我很以她為榮。」——金庸如此評價范徐麗泰。

2007 年，范徐麗泰獲頒大紫荊勳章。

深情展望：香港的未來，要看青年人如何對待自己的生活

2008 年 1 月 25 日，香港特區第十一屆全國人大代表選舉在灣仔會議展覽中心進行，范徐麗泰以 1,118 票當選，成為「票后」。2008 年 3 月 15 日，在全國人大會議上，范徐麗泰成為當時香港特區唯一的人大常委。

獲選當天，奉行公正、認真履職的范徐麗泰即向全國人大常委會辦公廳

▲ 1999 年，范徐麗泰一家四口在北大圖書館前留影。

提交了請假書，要求自即日起暫時請假至立法會休會之日。

「目前並無任何法律或規定，禁止一個人同時兼任香港立法會主席及全國人大常委，但當時香港有些人提出過這兩個角色可能有衝突的問題。2003年我剛剛開始擔任全國人大代表時，也有人提出過這方面的關注，但事實上我在處理立法會工作時，一直保持著大公無私的態度。我在立法會的所有裁決，都見諸文字記錄，任何人都可以查閱。」范徐麗泰說：「不過，人大常委的角色又有所不同，因為需要參與人大常委會有關決策的制定，所以我便提交了請假書。」

出於這個考慮，也為了可以全情投入人大常委會的工作，范徐麗泰當選人大代表後再次表示，不再參與新一屆立法會選舉。

之所以說「再次」，是早在一年前，范徐麗泰就曾宣布不再參與2008年的立法會選舉，為的是讓有意在她所在的港島選區參選的人士為選舉工程提前作好準備。

與范徐麗泰聊天，總能在細微之處感受到她這種處處為人著想的柔情。

比如，因為她這屆人大之後便不會再參選港區人大代表了，於是提前一年就催促她的助理找工作，提前半年就「放」他去了新的工作崗位，「以免耽誤了人家」。

在談到兒女的時候，她也於不經意間說起，很不喜歡逢年過節搞家庭聚會，「非要在某個日子聚餐，大家都很麻煩，我就跟子女們說，過節都不要來煩我。」范徐麗泰說：「這樣女兒就可以和女婿回婆家，兒子就可以跟兒媳去外家。」

處處為人著想的柔情，體現在為人中，也體現在工作中。做人大代表之初，范徐麗泰就有一個網頁，以便於有更多機會聆聽不同市民的意見，反映香港市民的訴求。擔任人大常委後，范徐麗泰更加注重成為香港與內地溝通的橋樑。

「以前更多想的是奉獻香港，現在會更多把香港的發展，放到國家的發展全局中去考慮。比如你要從國家生態環保層面去思考東江水質保護的問題，而不是在全國的會議上只談要讓香港人喝上乾淨水。」在人大常委任內，范徐麗泰走訪了貴州等多個地方，也給國家治理提出很多建議，涉及生態環保、教育醫療、防治腐敗等等。

范徐麗泰一直不斷思考著香港的發展和未來。「希望在國家不斷發展的情況下，香港在經濟發展方面可以開拓更大的空間。」范徐麗泰說，「粵港澳大灣區」、「一帶一路」都是香港的機會。

在范徐麗泰看來，香港要想實現長遠發展，現在就應該思考一些深層次問題：例如，香港必須解決的內部問題是什麼？我們的發展優勢究竟在哪裡？

必須解決的內部問題，范徐麗泰認為主要有三點：住房問題、貧富差距問題和年輕人意識形態的問題。「香港人多地少，解決住房問題很難，但不是不能解決，香港還有很多的土地可以變成熟地，被開發利用。這幾年香港

▲ 2016 年，范徐麗泰在安徽參加水法的執法檢查時與廣東人大代表陳瑞愛合照。

貧富差距有擴大的趨勢，也和住房問題有關係。政府對貧窮人口的扶持越來越到位，但中產階層購買力下降的現象也必須重視。」范徐麗泰説：「而青少年意識形態的問題是關係香港未來的大問題，必須要增強青少年的國家觀念和歷史感。」

對未來發展，范徐麗泰認為需要做一些研調，找香港真正比較有優勢的產業，做一些長遠的規劃，出台一些切實的推動政策。范徐麗泰説：「我們要客觀地認識到，『粵港澳大灣區』也好，『一帶一路』也好，香港都只是其中的一份子，並不是在各方面都是最領先的，我們需要和兄弟城市優勢互補，協同爭取市場和投資。簡言之，香港所長、國家所需，就是我們未來發展的切入點。」

「香港的未來，在青年人的身上，在於每一個人以什麼樣的心態對待自己的生活。如果香港的青年人沉醉於安逸的生活，那香港就會裹足不前；而若香港的青年人願意腳踏實地奮鬥，願意開闊視野、迎接挑戰，香港的未來一定會更加美好！」范徐麗泰説。

范徐麗泰　香港首任立法會主席的俠骨柔情

高永文
精醫濟世　仕仁惠民

" 該做時做、不推讓，是一種能力；
該退時退、不勉強，是一種修煉；
該顯時顯、不強求，是一種睿智。 "

　　高永文，生於香港，籍貫廣東潮州，前香港食物及衛生局局長，香港骨科專科醫生。中學於皇仁書院畢業，於 1980 年在香港大學醫學院內外全科醫學士畢業，其後加入瑪嘉烈醫院，擔任骨科實習醫生，從此以後骨科就成為了他的專業。1991 年，高永文加入香港醫院管理局，任職專業事務及人力資源總監。2003 年「沙士」（SARS）肆虐香港期間，高永文臨危受命，署任行政總裁，至 2004 年 12 月離職。後高永文與他人合夥開辦骨科診所。2012 年 7 月 1 日，擔任食物及衛生局局長，至 2017 年 7 月 1 日離任，同年，高永文獲特區政府頒發金紫荊星章。

文：王蘇

他始終懷揣著激情與夢想，銘記著道義與良知，為官清廉之餘追求明澈、高遠、寧靜和美好，永無止境。

光陰荏苒，或許一生只能專注地做好一件事。他，選擇了與醫療事業相伴，從此決定了他一生的道路。

香港「民望最高問責官員」──前食物及衛生局局長高永文，長年保持高民望之秘訣何在？其為官行事的理念為何如此深受市民擁戴？

20 多年來，筆者曾多次採訪高永文，彼此頗為熟識。正值香港特區政府換屆之際，再次走近金鐘政府總部，走訪高永文，透視其為官行事「好人緣」之所在。

醫者仁心有擔當

出身草根的高永文，早年在北角邨公屋居住，他深諳民間疾苦，學醫脫貧，頗有行醫救民的抱負。

他勤奮求學，中學於名校皇仁書院畢業，1981 年在香港大學醫學院修畢內外全科醫學士學位。

其後，高永文加入瑪嘉烈醫院，師承骨科顧問馮醫生，開始 5 年之久的骨科及外科醫生培訓生涯，及後以骨科作為他的醫療專業。

1991 年，高永文加入新成立的香港醫院管理局，擔任專業事務及人力資源總監。2002 年底，廣東爆發新傳染疾病時，正擔任醫院管理局負責感染控制範疇總監的高永文已在香港設立「非典型肺炎」調查機制。2003 年「非典型肺炎」在香港大規模爆發並迅速蔓延至其他國家，世衛發出全球警報，將這個新傳染疾病命名為「嚴重急性呼吸系統綜合症」（SARS，香港稱為「沙士」）。時任香港醫院管理局行政總裁何兆煒亦染病入院，高永文臨危受命，署任行政總裁，在前線領軍抗疫。

高永文在抗疫過程中定下了多個艱難決定，如應否暫停威爾斯親王醫院急

▲ 2015 年 11 月 1 日，香港與內地簽署醫療衞生合作安排，高永文（左）與國家衞計委主任李斌（右）在簽署合作安排後合照。
（圖片出處：香港政府新聞處）

症室服務、施行禁止在醫院探病的政策、前線人員佩戴合適的保護衣物、沙士病房的人手安排、淘大花園出現大規模爆發時應否指定某家醫院接收沙士病人等等，並大膽肯定港大醫學院微生物學系主任袁國勇的獻計，利用穿刺方法找出沙士冠狀病毒。一系列舉措令抗疫出現重大轉機，也為高永文樹立了「有擔當」的形象。

高永文胸懷仁心，懸壺濟世不止於香港本地。2008 年汶川地震發生後，作為香港紅十字會總監的高醫生帶領香港紅十字會義工，親身前往四川，親眼目睹人生無常帶來的苦難，他有時噙著淚為傷者清理傷口，進行骨科手術。之後的每個月，他都會往四川探訪，如家人般耐心地跟進病人病況。

2013 年香港先後確診兩宗人類感染 H7N9 禽流感，高永文即刻派人前往醫院了解，查明事件後勇於承認醫院沒有第一時間為 H7N9 禽流感首例個案化驗。

這位盡責有承擔的醫者，一有與市民健康相關的問題出現，他總是第一時

間出面解決，而對於一些能夠改善醫療環境，諸如醫療衛生體制的完善、醫藥常識的宣傳，以及健康政策導向的討論等工作，他更一律不遺餘力地參與其中。

高永文腳踏實地、謙虛務實的工作精神備受市民讚賞：「佢講咗真係做」。高醫生和氣友善的面孔，讓香港市民深感親切；接地氣的作風，口碑相傳。

他曾於亞洲電視舉辦的《ATV2010 感動香港人物推選》榮獲「感動香港十大人物」之一；2001 年高永文獲委任為非官守太平紳士；分別於 2008 年及 2017 年獲頒授銅紫荊星章和金紫荊星章。對於種種榮譽，他並不在乎，只求秉持心中惠民為港的信念，為社會作出貢獻。

行善形象親民

高永文熱心社會公益，是出了名的積極分子，在電視、報章上常能見到他出席幫助弱勢社群的活動，凡慈善、公益項目，他都親力親為，絕不「托手踭」。如 2016 年他便參加了「北區豐盛人生健樂長跑比賽」，途中為避免踩及失足跌倒的小童，自己也跌倒在地，當場眼鏡飛脫、顴骨骨裂、血流滿面，在額頭縫了幾針。然而，高醫生卻若無其事，依然堅定地表示，今後這樣的運動，他仍不會錯過。

此外，高永文亦是香港復康力量的堅定支持者之一，香港復康力量是一家激勵殘疾人發展的慈善機構。2017 年 6 月 28 日，香港復康力量籌備經年才成立的「北大活力咖啡店 Power Café」正式在北大嶼山醫院營運，高永文醫生和一眾支持機構代表出席開幕儀式，目標只有一個：「為傷殘人士提供就業機會，發揮所長」。

高永文醫生直言自己向來不喝咖啡，唯獨是對視障咖啡師輝哥親自沖製的榛子咖啡情有獨鍾，給予輝哥有力的肯定。在開幕儀式上，高永文親民沒架子，他緊捉著輝哥的手對他說鼓勵的話；親手接受坐輪椅的康健人士陳雅儀

為他畫的肖像畫，並擁著陳雅儀合照；雙手合十地感謝某康復人士為他拍攝並將照片放大沖洗……其受歡迎的原因，或可從中了解一二。

關注民生　致力扶貧

高永文曾說過：「我必須以香港人的民生為優先考慮。」

高永文任內，一直關注民生及社會資源分布的問題，致力推動扶貧工作。他有些遺憾地說，扶貧工作只是一個最低保障，暫時仍未能從根本去改變原有資源分配的方式。

他表示，香港的基本稅率雖然不高，然而政府在改善稅制時往往因需考慮城市競爭力，而未能在稅制方面為扶貧作出什麼有力的措施。長此下去，香港社會貧富懸殊的問題將更趨嚴重。他舉例說，一些國家會特別制定策略性的優惠稅制政策，去吸引高新科技人才。若香港也仿效這種靈活的做法，便能針對扶貧去制定一系列策略性的優惠稅制，亦無礙適度地提高利得稅、高收入薪俸稅的稅率比例。

政府應該再建立多些稅務比例徵收階梯，從根本上去解決資源分配問題。稅務制度的合理安排非常重要，從長遠來看，更是促進社會和諧的關鍵因素。

另一方面，高永文指出資源分配也可透過醫療和福利等措施去達成，社會醫療體系的改善是有助於社會資源的重新配置的。香港政府一直很重視公立醫療體系的發展，包括投入 2,000 億港元經費的「10 年公立醫院發展計劃」，還有增加對醫管局基建的撥款。加強醫療體系的改革，一方面可減低社會因病致貧的問題，另一方面醫療體系的完善對爭取投資和專才來港亦有很大的吸引力，間接地增強了香港的城市競爭力。

他坦承，過往政府在醫療和福利方面已作出很多措施，也做了不少扶貧工作，但是仍未能從根本上改善醫療和福利方面在社會上所面臨的問題。

2017 年最新出爐的基尼系數（Gini Coefficient，界定收入分配平均程

度的指標，用以反映社會貧富差距）顯示，香港已由原有的 0.537 降低到 0.473（0.4 為基尼系數的警戒線，如超過則反映貧富差距出現了問題），是因為香港政府近年來在醫療和福利上投入了大量資金和資源，這證明了香港的城市競爭力並非處於減弱的狀態，事實上，香港的城市競爭力一直都是名列前茅的。

他希望，香港有實力的企業家也可以多多在扶貧問題上作些實際的幫扶行動，為社會、為政府分擔一些壓力和責任。

高永文相信，剛上任的新一屆政府將會正視民生困難、社會資源的分配問題，寄望他們在面對以上有關問題時，可以從稅務制度這個根本層面上去考慮如何改進政府資源的分配，以及解決社會資源的分配問題。這對香港而言，是至關重要的。

▲ 2017 年 1 月 28 日，食物環境衛生署人員清早在年宵市場結束後清理場地。圖示時任食物及衛生局局長高永文（右二）和時任食環署署長劉利群（右一）在維多利亞公園巡視清理工作及為員工打氣。

不過，若要更長遠地提升香港社會的競爭力，高永文表示歸根究柢還是得取決於年輕人的教育，並提出教育的重點主要在兩方面，那就是年輕人的創意培養和對國家的認知學習。

科學理性　展望香港

高永文於 1981 年取得香港大學內外全科醫學資格；1986 年獲得英國愛丁堡皇家外科醫學院院士；1992 年拿到澳洲新南威爾斯大學醫學行政管理碩士學位；並為香港骨科醫學院院士、香港外科醫學院院士、香港醫學專科學院院士（骨科專科）及香港醫學專科學院院士（社會醫學）。

良好的教育背景培養了高永文凡事注重科學，理性把脈香港的管理態度。面對香港未來 20 年之展望，他表示充滿著不確定性的挑戰，但未來將如何發展，完全掌握在香港人自己手上。

接下來這 20 年的國家經濟發展，將聚焦於如何在「一帶一路」戰略的指引下得以持續增長。高永文表示，「一帶一路」是一個很合理、很符合科學原則的發展方向。因為當今世界歐美先進國家的發展已經走進飽和階段，社會早已完全成熟，所有這些國家未來的經濟增長都將是「已發展經濟模式」，其經濟指標增長最多也只有 3% 至 4%，甚至可能低至 1% 至 2%。因此，要為全球尋找經濟增長動力、發展空間，一定要到經濟未發展之地去發掘。環顧世界，東南亞、南亞、中亞、非洲這些「一帶一路」沿線，正是有潛質的地方。「一帶一路」絕非口號，國家既能提出如此高瞻遠矚的經濟發展戰略，可以預見中國未來 20 年，甚至幾十年的發展甚具樂觀。

審視當前全球經濟形勢，他坦言，「一帶一路」戰略可說是香港一個實實在在的最佳機遇。在這樣一個合理的發展經濟模式裡，香港人為什麼不積極地朝這方向去努力呢？香港的商人、企業應多加思考，分析香港的優勢，一方面在「一帶一路」沿線選擇可自行發展的區域、行業；另一方面亦可與國

▲2017年6月16日，衛生醫護研討會舉行。圖示（左起）衛生署衛生防護中心總監黃加慶醫生、時任食物及衛生局常任秘書長（衛生）聶德權、英國 Sally Wyke 教授、時任食物及衛生局局長高永文、美國 Alain Larique 博士、澳洲 Louisa Jorm 教授、時任食物及衛生局副局長陳肇始教授及醫院管理局策略發展總監李夏茵醫生於研討會開幕禮上合照。

（圖片出處：香港政府新聞處）

家共同發展，借助國家的優勢，達到經濟雙贏的效果。

　　他坦言，香港商人事實上早在孟加拉、緬甸、巴基斯坦、越南、印尼等東南亞國家建立工廠、進行貿易等；而以非洲、南非為主的一些英語國家，亦已是香港人踏足的商貿之地。相對來說，香港人對中亞、中東文化較不熟悉，西非、東非亦較少有港人進入，故到這些地區投資，香港應憑藉國家的優勢，與國家共同發展，走出更多經濟發展的新路徑。

　　談到「粵港澳大灣區」建設中香港應如何制定自己的發展方案時，高永文表示，自從香港政府代表團訪問大灣區後，廣東省中山市與香港便已率先進行合作和聯繫交流了。

　　就香港醫務界方面的工作而言，高永文說已與中山市啟動了部分共同發展的合作探討，並邀請中山市的醫療衛生界組織高層到港商議兩地合作的可發

展空間。他説，在未提出「大灣區」概念之前，香港部分人士已有先見之明地提出欲與中山市合作的議題。再者，中山臨近珠海，將來待港珠澳大橋建成，必將進一步促成香港與中山市共同發展的緊密合作。

首先，兩地將在人才的交流和培訓方面建立合作關係；其次再尋求醫務及相關業務方面的共同發展，例如在司法制度的框架下，允許香港的醫療集團和個別醫務人員去中山和其他大灣區城市發展事業。過往，香港醫務人員去內地工作的並不多，而且工作地點也主要集中於深圳、廣州或者珠三角東部等地。高永文希望在下一個發展階段，香港的醫療相關服務會隨著港珠澳大橋等交通設施的運行，得以滲透到大灣區西邊各個城市，並與該等城市於醫療新科技範疇達到優勢互補的作用。他仍以與中山市的合作為例，中山將在深中通道的人工島劃出一塊地方來建立新科技園區，希望可以爭取到讓香港的醫療新科技研究人員以此地作為技術研究基地，讓雙方優勢得以發揮。

高永文認為，「粵港澳大灣區」的建設及「一帶一路」的經濟戰略，拓展了香港再度發展的空間，香港將迎來又一個經濟發展機遇，前途不可估量。

民望高企 一心為港

香港，高永文生於斯、長於斯、學習於斯、工作於斯、當政於斯。這位飲著東江水，自小在維多利亞港畔成長的「香港仔」，與香港結下了不解之緣。服務香港、為香港盡可能多做一些有意義的事，成為高永文最發自內心的期盼。

確實，對於香港人而言，所有任職的特區政府高官中以高永文醫生最為人所熟悉。不論是出現在電視螢幕上，還是社交場合中，他都是神情親切、毫無架子、親和力十足。因此，高永文在 2013 年成為香港大學民意研究計劃成立以來民望最高的局長，是順理成章的。一直到 2017 年 6 月公布的一

<del>時代巨擘</del>
<del>——他們眼中的香港二十年</del>

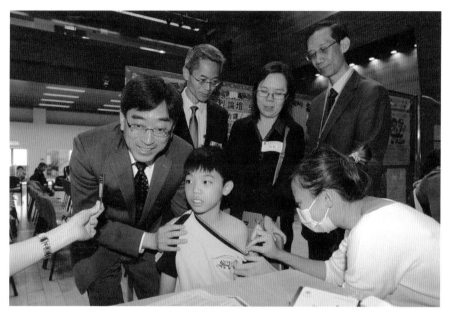

▲ 2016 年 11 月 11 日，高永文（前排左）於「疫苗資助計劃」外展接種活動上，陪同學童接種季節性流感疫苗。
（圖片出處：香港政府新聞處）

次調查，他的民望仍高居榜首。

　　「民望高」的高永文，謙稱自己的「民望高」只是坊間的錯覺，只是因其傾向民生的工作爭議性和政治性較小，所以相對也較少出現激烈的反對聲音。

　　撫今追昔，高永文感慨自香港回歸後 20 年來，其間自己的人生產生了很大的轉變。他坦言，官場經歷讓他學會了自覺，也令他更加虛心、懂得包容。他領悟到，人生的意義並非要去追求別人眼中的最好，而是要把自己能做到的事情做到最好。

　　1997 年正值醫療體系開始第一階段的快速發展時期。1990 年成立的醫管局在起初的 6、7 年中，政府對其投放了大量資源，香港醫療體系經歷了第一階段的蓬勃發展時期，香港醫療被提升至一個極現代化和服務極優質的狀態。可令人遺憾的是，回歸後香港經歷的金融風暴和沙士衝擊令醫療體系發展嚴重受阻，停滯不前。

2012 年，高永文擔任食物及衛生局局長，他稱當時雄心勃勃，希望可以為香港醫療體系重新注入新的發展動力。在其執掌食物及衛生局期間，高永文確定了「雙軌醫療制度」的發展方向，再重申公營醫療體系作為整體安全網的重要性及政府會承諾繼續投入資源，確保公立醫院的發展。

他指出「雙軌醫療制度」並非只注重公立醫院的發展，同時也在私立醫療市場下了功夫，令私立醫療市場獲得規模和容量上的發展。

他認為「雙軌醫療制度」的建立和調整，是因香港的整體醫療容量仍然不足以滿足本地醫療在人力和設施上的需求，故強調這幾年私家醫療必須要追上公立醫療體系的發展。他透露，在職期間對私家醫療的發展方向作了階段性調整，將醫療產業改為私營補充公營醫療體系，令其起到緩解公營醫療壓力的作用。

他稱，這樣可以透過自願醫保及公私雙贏合作計劃將公立醫院的一部分工作量分流到私家醫院，從而令兩個體系都朝健康的方向發展。

長此發展下去，他相信到了 2025 年之後，香港公立和私立醫療體系設施將會發展到一個比較穩定的局面，令醫療資源壓力有所緩解，而雙方的醫護能力也將回復平衡的狀態，當這兩個條件達成後，再作下一個階段的考慮，著眼醫療產業的各方面發展。

歸隱診所　享受人生

高永文認為：「該做時做、不推讓，是一種能力；該退時退、不勉強，是一種修煉；該顯時顯、不強求，是一種睿智。」

因此，正值特區政府換屆之際，高永文已坦承將不會留任下屆政府。眼見很多政策已沿著明確的軌道運行，自己也曾經認真地做了推動工作，現在可以順利交接，平穩過渡，實在深感欣慰。

香港堪稱世界醫療制度最完善的地區之一，男女平均壽命居世界前列。高

永文透露，自己較喜歡臨床工作，離任後將繼續自己的專業醫務工作，惡補最新技術，將來也希望留多些時間予家人，閒時做做義工，在自己能力範圍內做些喜歡的事情，在持續為香港醫療服務的同時，也會好好享受人生。

高永文喜歡觀鳥，而香港又是世界上各種鳥類的棲息地。因此，他常常背上望遠鏡就去上山下溪，追蹤大自然賦予的雀鳥世界的靈氣。有時因公務繁忙無暇出門，他就買來鳥類雜誌，紙上觀鳥。

他鍾意美食，尤其是潮州菜，偶有時間也會親自下廚，將從父親那裡習得的家鄉菜式如法炮製，例如煎蠔餅、肉碎菜脯煎蛋。

愛好品茗的高永文，更喜於忙裡偷閒，泡上一壺功夫茶，望一下窗外抒發一下心緒，品味著一份靜謐。

適度、持平、溫雅，正是高永文為人處世的成功之道。

縱觀高永文多年為官表現，不難發現「民望最高問責官員」的長期「高民望」秘訣便在於高永文醫者仁心，為官有擔當；竭精殫慮為香港建設一個健康的社群，其良苦用心，永受市民擁戴！

高永文　精醫濟世　仕仁惠民

陳永棋
深耕志業　家國情懷

"

香港要努力把握機會，
搭上中國經濟高速發展便車，
千祈咪走雞、咪走雞！

"

　　陳永棋，香港出生，籍貫廣東東莞。1970 年畢業於美國普渡大學工業工程系。現任長江製衣董事總經理、第十二屆全國政協常委；第八、第九屆全國人大代表、香港中華廠商聯合會會長、香港出口商會會長、香港製衣業總商會副會長、香港特別行政區籌備委員會委員、香港特別行政區第一屆政府推選委員會委員、香港基本法諮詢委員會委員、澳門基本法諮詢委員會委員等公職。陳永棋曾獲英國官佐勳章、澳門總督頒授工商功績勳章。2000 年、2016 年分別獲香港特區政府頒授金紫荊星章和大紫荊勳章。

文：王蘇

世界上有很多行業都可以賺到錢，但沒有任何工作比得上找準接班人，令事業持續發展來得重要。世界上聰明人比比皆是，但富有格局視野的能人不多，能夠慧眼識人選定事業繼承者，是件令人欣慰之事。

陳永棋身為第十二屆全國政協常委、長江製衣集團董事總經理，同時身兼眾多社團的領袖要職，他認為管理企業和管理社團都是一樣的道理，在古稀之年即將退位讓賢之際，他思考更多的是如何支持繼任者順利交接工作，扶持他步向更趨成功的道路，令社團工作真正可持續性地為社會做出更多更長遠的服務，他最感老懷安慰的就是，能將一些社團職務順利交棒。

製衣界翹楚　工商界精英

6 月的一個晴朗氣爽的上午，在西環廣東社團總會會址，筆者採訪了這位三代都居住在香港，出生於紡織世家，有「創造神話奇才」之譽的陳永棋。

陳永棋既是香港製衣業翹楚，在行業內備受尊重，也曾涉足鳳凰衛視、亞洲電視，享譽電視傳媒界。陳永棋雖年屆七旬，仍精力充沛、熱情洋溢，說起話來中氣十足、聲音洪亮。

整個採訪在他侃侃而談中進行。當談及如何展望香港未來 20 年時，陳永棋不容置疑地連說：「冇走雞！冇走雞！」讓人不禁會心一笑。

他認為，香港回歸 20 年來，社會經濟發展取得了長足進步，但比較內地「火箭式」的經濟發展速度則相去甚遠，阻礙香港發展的主要問題在於：香港社會存在著將香港人與內地人分化的「心魔」。

他還說，香港社會現在的民生及年輕人問題逐漸顯現。香港雖難有過往 20 年的經濟發展機會，年輕人向上流動也比以往困難得多，但香港年輕人不可局限自己，應主動走入內地尋找機會，尋求發展。

他坦承，香港年輕人在過去 20 年確實錯失了一些融入內地發展的機會，

那時候內地對資訊、科技、教育等的需求大，香港年輕人本來在教育水平、技能、國際視野等方面均有優勢，但由於觀念所限，以致錯失良機。今天雖然內地年輕人已今非昔比，高學歷、精英人才眾多，但香港年輕人仍要保持自信，了解自己的優勢，發揮香港在資訊多元化等優於內地的強項，不要怕苦、不要怕困難，努力尋找商機。

他認為，香港要努力把握機會，「搭上中國經濟高速發展便車，千祈咪走雞、咪走雞！」從《內地與香港關於建立更緊密經貿關係的安排》（CEPA）的簽訂到批准香港成為亞投行成員，以及即將開通的高鐵，陳永棋認為為了促進香港的經濟發展，國家給予了許多政策支持。

然而，內地在某些領域對港商仍有限制，如港商無法直接在國內投資設立從事網絡遊戲運營的公司。他呼籲，國家應准予香港人在內地擁有與內地人同等的身份和政策條件，令香港人與內地人在內地享有同等的發展機會；反之，香港政府也應給予內地到港投資的內地人享有香港人同等的投資機會。

他鼓勵香港年輕人要向「紫荊勳章」獲得者、香港「傑出貢獻人物」學習，利用有效資源，在內地發揮個人優勢，努力創造出自己的新天地。

「粵港澳大灣區」扮演樞紐角色

陳永棋稱，在未有「粵港澳大灣區」概念時，香港人就捷足先登積極投資珠三角，在廣東省改革開放 30 年的建設中作出了極大貢獻。當時在廣東省獨資、合資的企業中，以港資為最多，促進了廣東省經濟的興盛發展，帶動了大灣區的繁榮。現在香港在大灣區建設中的任務應是：如何讓已成長起來的經濟板塊與整個大灣區的未來機遇結合起來，發揮樞紐作用，凝聚大灣區內各城市的力量，然後謀求更大發展。

他表示，大灣區發展主要應先做好交通建設，正在興建的「港珠澳大橋」

是香港通往廣東西部發展的重要交通樞紐，特別對香港航空交通發展意義重大，而非一些未看到實質作用的港人戲稱的「大白象」。

他笑指，香港對廣東的發展是「又喜又驚」，喜的是大家可一起發展，驚的則是廣東省的內部有不少基建項目已超前香港。他舉例說，深圳機場、廣州白雲機場就已可追得上香港機場，香港機場在大灣區發展中有被它們取代的風險，而港珠澳大橋的興建，將連接香港帶動廣東省最西邊的各個角落，從而真正把香港打造成空運、海運中心。他說：「這隻大白象將會帶領香港在空運、海運方面更上一層樓，千萬不要小看它！」

「一帶一路」 背靠祖国

對於香港如何參與「一帶一路」的建設與發展，陳永棋不由感慨地說，在英殖民時代，香港可謂亞洲最重要港口，具有與國際聯繫的優勢，而現在香港作為「超級聯絡人」的角色一直在淡化中。內地年輕人英語程度日益提高，他們勇於追求，不斷奔向世界各地工作、學習。在南美、歐洲、非洲等地留學的內地年輕人不少能操當地語言，法語、西班牙語、德語也運用自如，反觀香港很多年輕人仍只能說英語和中文。在世界英美名校中，來自香港、台灣的學生人數總和也不超過內地學生的三分一；香港中環投行裡說普通話、英文的人員也比操粵語的多，「香港作為『超級聯絡人』只能算是自說自話」。雖然現在香港仍是對外的最大金融中心，但是香港年輕人要急起直追，借助「一帶一路」，積極發揮金融中心的優勢，把握機會，「如果連這個機會都錯失了，香港面對的問題就會更加突出！」

他坦誠地說，「其實在香港生活的內地人、香港人都是中國人，都是從國內搬遷過來的，只不過有些來得早，有些來得晚。像我家就屬於來得早的中國人，我曾祖母那一輩就已經開始居住在香港。而那些在外國讀書，拿到

▲ 2016 年 11 月，廣東社團總會舉辦支持全國人大常委會釋法記者招待會。

高級學位再來香港發展的很多年輕有為的內地人，都是來得晚的中國人，他們是香港未來發展的人才骨幹，是我們香港未來的生力軍！」

他接著說，香港人要同心協力、互相團結，不要自己人排斥自己人。他說香港開埠最初作為英國殖民地時，到香港的幾乎都是由廣東省過來做小工的低下階層市民，他們最初只賺得微薄的薪金，積攢起來就開始做小生意。

清末民初，大量內地人因戰亂而走難來到香港，這些人形成了香港的基本文化結構，是香港經濟起飛的最重要元素。

到了解放初期，大批內地的工業家、資本家來到香港，這些人的到來，令香港工業開始騰飛。香港是自由港，在一個長時期裡，內地各種政治運動令內地經濟停滯不前，正值這個內地經濟發展停滯的空檔期，內地的工業家、資本家將自己的財力投資於香港這片土地，與聚集在香港的大批勞動力共同將香港按工業、商業、金融業軌跡發展壯大，內地人也就在香港落地生根了。

他認為，歷史在重演，香港的未來 20 年也將按這樣的發展軌跡再次騰飛，內地具有雄厚資金、高等學歷、富有文化專業知識的精英人才來到香港，必將使香港未來的 20 年發展更見樂觀。

「一帶一路」倡議是中國走向國際大舞台的新理念，是躋身世界經濟強國的戰略選擇。香港這彈丸之地，背靠強大的中國內地，沿著「一帶一路」走向世界，機會重重，前途無限。

堅守本業　愛國愛港

1947 年出生的陳永棋，在香港完成小學及部分中學學業，然後於泰國國際學校高中畢業，再赴美國讀書，1970 年修畢美國普渡大學工業工程學士學位，返港後加入家族開設的長江製衣廠，就任董事總經理至今。

陳永棋眼光獨到，注意到中國崛起的發展潛質。內地改革開放初期，許多願意北上投資發展的港人，往往被單純地冠以「愛國」的稱號。早於上世紀 70 年代初已在粵港間穿梭的陳永棋也是其中一員，他坦白地說「愛國」自然是其中一個方面，但他更相信到內地設廠可以降低成本，提高生產效率，利潤十分可觀。

1978 年，陳永棋看中了有紡紗工業基礎的江蘇無錫，便與當局商討在當地建廠的事宜，最終取得江蘇省無錫市的首份外資合同。現在的無錫紡紗廠已由開業時的 1 萬 2 千紗錠，擴展至 60 萬紗錠。目前無錫一棉更在非洲的埃塞俄比亞投資 13 億人民幣，興建 30 萬錠綿紗廠，積極參與國家的「一帶一路」倡議。同時，陳永棋也是進軍內地西部的先驅，在上世紀 90 年代初是最早於青海投資的香港商人，並創辦了青海長青鋁業有限公司。

總結回內地投資的決定，陳永棋形容，跟著國家的政策走，才容易成功，可謂是最簡單的生意「ABC」。

陳家世代都是生意人，雖然世事多變，但陳家的生意歷久不衰，家族企業每年的營業額高達幾十億港元。從 38 年前於無錫建立紡織廠起，長江製衣一直堅守做好本業的經營理念，未曾涉足房地產領域。陳永棋自嘲「笨」，而這「笨」中雖然少了財富的數字，卻是蘊含著其對紡織行業的責任與使命，長江製衣有限公司現今在全球紡織業佔重要位置。

「一門叔侄兩紫荊」！陳永棋家族對社會長期作出貢獻，他和他的叔叔陳瑞球分別在 2016 年和 2008 年榮獲香港特區政府頒授大紫荊勳章。陳永棋認為，陳氏的貢獻並不在於財富，而是在於推動社會的進步和發展。

在陳永棋的印像中，陳瑞球可算得上是製衣界的元老，上世紀 40 年代，憑著 20 部衣車起家，靠自己的雙手打出一片天下，更使紡織業成為當時香港的產業支柱之一。不過，令陳永棋印象最深刻的，還是陳瑞球對慈善的熱衷。他說，製衣比起金融、地產來說，並不算是一個賺錢的行業，但陳瑞球幾乎在香港的每個大學都有捐款，款項總額更佔總資產的不少份額，「如果一個人有 100 萬，他捐 1,000 塊，那麼佔比並不算大；如果只有 100 塊但他捐了 20 塊，這個比例就不少啦！」

陳永棋家族的事業遍及世界許多地區，但他卻時刻不忘為國家為家鄉作貢獻。據不完全統計，他以各種形式為其家鄉東莞以及內地其他地方的農業、教育、醫療、慈善事業捐款總額已達幾億元。

曾經沉寂十多年的工展會，近年再度活躍，其實是陳永棋又一次為香港所創造的神話。工展會由 1938 年創辦以來，一度是香港人的盛事，但在 1974 年停辦，直至 1994 年才再現。負責籌辦的香港中華廠商會將工展會重新包裝，成功洗脫老套形象，當年時任香港中華廠商會副會長的陳永棋功不可沒。

尤其是當他出任會長後，花了不少心思，將工展會活動搞得更加有聲有

▲ 2015 年 3 月 2 日，時任廣東社團總會主席陳永棋到政府總部向特區政府遞交政改意見書，支持通過全國人大常委會「8‧31」框架下的政改方案，落實 2017 年普選行政長官。時任政務司司長林鄭月娥接受意見書。

色，包括重點宣傳工展小姐、擴大工展會內容的規模、邀請更多海內外的企業參加、舉辦香港十大名牌選舉等，成功令工展會再度受到市民的關注，也成為了商家和市民心目中每年一度的盛事。

他認為，現在香港社會環境過於政治化，遇事好爭拗，導致經濟發展原地踏步。他希望愛國愛港團體積極發揮帶頭作用，勇於發聲，確保「一國兩制」正確落實，廣泛凝聚民心，擴大社會團結面，支持特區政府依法施政。

2015 年，陳永棋擔綱的廣東社團總會曾委託民調公司為 2017 年特首普選方案進行政改民意調查。

他還曾帶領香港廣東社團總會逾 5 萬會員挺政改，於 2015 年 3 月 2 日及 3 月 6 日兩次到政府總部向特區政府遞交了共 53,236 份個人政改意見書，支持通過全國人大常委會「8‧31」框架下的政改方案，落實 2017 年普選行政長官。

當時他指出，現階段提委會組成不應作出大改動，主張參選人獲得 150 票提名即可「入閘」。他希望通過一系列活動增強支持政改民意基礎，令更

▲ 2015年6月17至18日，廣東社團總會響應「保普選 反暴力」大聯盟的號召，在立法會外進行大型集會，時任廣東社團主席陳永棋出席了集會。

多溫和反對派「轉軌」支持政改通過。

2017年特首普選方案於2015年6月17日、18日提交立法會審議及表決。

那段時期，在立法會外每天都有包括「保普選 反暴力」大聯盟在內的社會各界團體逾萬人，從早到晚先後集會，支持政改。

為向投支持票的立法會議員打氣，表達廣大市民支持通過政改方案的聲音，陳永棋率領廣東社團總會響應「保普選 反暴力」大聯盟的號召，組織了近800人的隊伍，於6月17日至18日在立法會外進行大型集會，支持通過特首普選方案，推動香港政制向前發展。

陳永棋贊成香港實行政改方案，一人一票進行選舉，讓所有人都有機會參與政治決策，共同承擔社會責任。

陳永棋還認為，香港是個經濟發達的城市，香港的地位由經濟決定，而非街頭政治。沒有經濟發展，不但市民利益難有保障，香港也將失去價值，

香港須抓緊國家「十三五」規劃以及「一帶一路」的機遇，為持續發展注入動力，通過經濟發展緩解社會矛盾。

剛剛卸任香港廣東社團總會主席的陳永棋表示，下一步將全力支持和協助繼任人搞好總會社團工作，他欣慰青出於藍而勝於藍，相信未來的香港廣東社團總會將越辦越好，社團工作必將更上一層樓。

陳永棋爽朗隨性的語言，透著真誠，參政議政一心為港的熱情可見一斑，祝願他在未來的日子裡，繼續為香港人謀福祉，「冇走雞」！「冇走雞」！事事順利，「掂過碌蔗」！

陳永棋 深耕志業 家國情懷

陳有慶
金融傳奇　繼往開來

" 一定要學會審時度勢，

該出手時就出手，

該放手時就應及時放手，

這樣才能做到進退有據。 **"**

　　陳有慶，廣東潮陽人，生於家鄉，為泰國華僑陳弼臣長子，泰國盤谷銀行是其祖業。少時在香港曾先後於九龍華仁及香港嶺英中學就讀，後來返回泰國任職於盤谷銀行。1953 年往紐約銀行學院攻讀銀行及經濟學，1955 年獲父委派回到香港拓展投資金融及保險等業務，現任亞洲金融集團董事長。在營商之餘，他身兼數個社會公職，無論是中國僑聯副主席、香港僑界社團聯會創會會長、香港中華總商會會長、中國僑商聯合會會長、國際潮團聯誼年會主席等等，都不辭辛勞，為機構服務。2000 年獲授金紫荊星章。

文：王蘇

現任香港亞洲金融集團掌舵者陳有慶，是泰國華裔巨富陳弼臣之長子。從 1950 年代初次接觸銀行業務算起，陳有慶已經在香港金融界摸爬滾打了幾十年，經歷了超過半世紀的金融風雨，締造了「金融王國」，書寫了中國金融傳奇重要的一頁。陳有慶以其特有的接班人培育模式，將陳氏治家興業的訣竅傳至第三代傳人陳智文、陳智思手裡，令陳氏家族在世界華商中的影響力得以延續，徹底顛覆了「富不

▲陳有慶

過三代」的定律，更為家族企業的傳承樹立了經典榜樣。從陳有慶父親那一代開始，三代陳家人一直心繫祖國、發財立品。他們報效家國，造福鄉梓的事跡，更令人津津樂道。

　　身為亞洲金融集團董事長，集團日常運作雖都已交給兒子和下屬打理，但陳有慶仍舊每天上班，可謂老當益壯。這位連任四屆全國人大代表、受人尊敬的華僑領袖，多年來敬業樂群，且不忘回饋社會，為造福社會奔走。

練就本領成商界奇才

　　成功並非僥倖，今年 80 多歲的陳有慶亦坦言自己一直走來道路絕非平坦，亦不喜歡以富人自居。當有些人誤會他是含著金鑰匙出生，他往往只報以微笑。

　　陳有慶於 1932 年在老家潮陽出生，在當地讀小學。日寇侵華期間，因僑路阻隔，陳母帶著兒子胼手胝足耕種薄田度日，歷盡艱辛。

　　抗戰勝利後，1946 年身在泰國的父親派人將 14 歲的陳有慶接到香港。他先後就讀九龍華仁書院和香港嶺英中學。4 年後，到泰國一家團聚，父

▲陳有慶與泰國公主詩琳通合辦大學獎學金。

親為了栽培陳有慶接管家族生意，特意安排他白天到其轄下的亞洲信託銀行學習點鈔、發存票、入賬等，從低做起，晚上則進修會計、金融等課程。

陳有慶新婚不久，1953年即奉父之命偕同妻子前往美國紐約，白天到銀行工作，晚上則到大學進修。他同時在兩所學府（哥倫比亞大學和美國銀行學院）上課，生活緊張而充實。

1955年，23歲的陳有慶被父親安排在其與友人合辦的香港汕頭商業銀行（1965年易名為香港商業銀行）任職，負責開拓海外業務，除銀行業務外，陳有慶另外還經營泰國大米出口香港的生意。

在香港的日子，陳有慶獨自闖蕩商界，香港亦成為陳氏商海生涯真正的雲程發軔地。起初，他事事依賴父親，凡屬重要事項必先與父親商議才去辦理。然而，父親不常來港，通訊亦諸多不便，但商機又往往亟需及時掌握，否則便失去良機。有賴在泰國和美國半工半讀時期的磨練，一方面培養了陳有慶做人處事的能耐，另一方面也令他視野大開，那5年所習得的商業知識，正正成為其在港營商的利器。因此，不久陳有慶便成長為獨當一面的商界人才，自此於香港大展拳腳。

時代巨擘——他們眼中的香港二十年

父親的苦心安排，令陳有慶終生受益。此後，他也照此方式培養自己的兩個兒子。這種各自掌管自己所擅領域的生意，相互配合的家族經營方式，在陳家有效地得以傳承。

創造「盤谷」金融神話

當你走在上海外灘的金融大道上，有一座特別的建築十分引人注目。這座頗具東南亞風情的銀行大樓，便是泰國盤谷銀行分行所在地。盤谷銀行曾位居全球五大最賺錢銀行之列。

由陳弼臣創辦盤谷銀行之時，陳氏家族所遵循的經營理念便是「誠信」二字。「誠招天下客，譽從信中來」。陳有慶坦言：「銀行業是服務公眾的行業，因此，經營銀行最重要的就是待客以誠，這樣才能獲得發展。」

在世界經濟一體化、國際化的進程中，盤谷銀行生意日益壯大，銀行必須實行科學管理，設有信貸委員會、資信調查委員會和稽核委員會，務求對

▲陳有慶獲頒泰皇御賜皇冠二等勳章。

每一家客戶公司的年報、管理都瞭如指掌，盡量避免貸款的風險。然而，無論如何，「誠信」是盤谷銀行貫徹不變的原則。

1988 年，陳弼臣辭世後，泰國盤谷銀行由次子陳有漢繼承，而在香港的事業則由長子陳有慶全面接掌。1990 年 10 月，香港商業銀行、亞洲保險等合併為香港亞洲金融集團（控股）有限公司，由陳有慶出任董事長。該集團同年在香港聯交所上市。

1995 年，身為亞洲金融集團董事長的陳有慶將旗下所轄的銀行、保險、證券等業務均於名稱前面冠上「亞洲」二字，強調集團的整體性和全球化。「保險業務於開始階段只能默默耕耘、等待時機，在華人網絡中逐步尋找突破和立足點，由小到大，一點一滴地不斷積累。」陳有慶誠懇地表示。

如今，亞洲金融集團的服務網絡已遍及亞洲多個地區，亞洲保險則在香港一般保險市場位居前列。2007 年，標準普爾對亞洲保險的財務實力和信用評級均提升為「A」。1999 年，集團與多家本港銀行聯合成立銀聯信託；2001 年，再與本港五家金融機構成立香港人壽；2005 年，與中國人民保險集團公司、盤谷銀行、日本住友生命保險合組中國人民人壽保險；2007 年，更投資於東南亞最大的民營醫療機構康民國際有限公司。此外，集團還與多家國際相關機構合資或聯營中國人民保險（香港）、銀和再保險、專業責任保險代理、德和保險顧問等公司。

陳有慶「信」字當頭、行事穩健，沒有把握的事情，他不會輕易去做，故業務一直上升得很平穩。

另一方面，陳有慶也是善於把握商機的。從 1955 年開始，陳有慶一直用心經營香港汕頭商業銀行，經過上市和兩次改名後，銀行的業務狀況越見穩固。邁入 21 世紀，香港銀行業間的競爭越來越激烈，中小型銀行的經營越來越困難。以作風素來穩健的亞洲商業銀行，雖仍有可為，但隨著經營成本的

▲ 2011 年 7 月 13 日，香港僑界社團聯會訪京，獲時任國家副主席習近平接見。

上升，經營銀行的壓力也不小。此時，有國際金融集團以相當優厚的條件向亞洲金融集團提出收購亞洲商業銀行，亞洲金融集團董事局經過慎重的商議後，決定將亞洲商業銀行出售。對於出售銀行的決定，身為銀行董事長的陳有慶甚為感慨，他說：「說實話，銀行是父親在香港的首項投資，伴隨著我超過半個世紀，是我生活中一個重要的組成部分。理性上我明白這是一個不錯的交易，但感情上我卻對銀行割捨不下。我明白投資營商一定要學會審時度勢，該出手時就出手，該放手時就應及時放手，這樣才能做到進退有據。」

2006 年，亞洲金融集團最終決定以接近 2.5 倍的賬面值，即港幣 45 億 8 千萬元出售亞洲商業銀行予馬來西亞大眾金融集團，所得資金則大部分投放到集團旗下的亞洲保險及其他投資項目上，業務除了金融保險外，於退休金管理、房地產、醫療等領域也有所拓展。

從 1946 年陳弼臣入股香港汕頭商業銀行開始,陳家三代薪火相傳,一直為這銀行付出最大的心血,也取得豐盛的成果。而陳有慶一直是銀行的重心人物,由 20 多歲加入銀行,半個世紀以來逐步將銀行發展成現代化的金融機構,可以說是他眾多事業中一項值得驕傲的成就。

富逾三代薪火相傳

陳氏一家都是「精英」人士,他們特別注重親情的締結。每年趁著過春節,整個家族的人都要回泰國團聚,大家圍坐一起吃一頓團圓飯,見面交流。這個習慣,便是陳有慶堅持保留下來的。不管身在何地,親人們都可定時在固定地方見面溝通,這實在是維繫幾代人之間的好機緣。

至於陳有慶的兩個兒子至今仍與父親同住,只是各自忙於自己的事務,只有周末才會聚在一起吃飯,不過他們常常在家裡的健身房見面。

陳有慶現在已是半退休狀態,家族中的生意亦皆交棒予兩個兒子。

自陳弼臣創業以來,陳有慶進一步拓展業務、繼往開來,至今歷經三代仍不衰,生意更日益發達、業務蔓延至世界各地,正正與這一副商業對聯——「生意興隆通四海 財源茂盛達三江」的意思吻合。

而最令陳有慶深感欣慰的是,長子陳智文無論早前擔任亞洲商業銀行的總經理,或現任亞洲金融集團執行董事,均為其得力助手。至於次子陳智思,則在政商兩界都頗具影響力,被港澳媒體譽為香港的「明日之星」。

在商海馳騁數十年的陳有慶將家族企業重擔逐漸交託兒子之同時,他更加投放精神,致力服務社會和公益事業。

鑒於陳有慶對內地改革開放及經濟發展所作出的重要貢獻,他多次受到國家領導人的親切接見。陳有慶堅定地説:「無論我擔任何種社會公職,我都會視之為服務廣大僑胞的責任和義務。」

心繫香港

陳有慶接受訪談時，當筆者問及其對香港回歸 20 年的看法，以及下一個香港 20 年的發展時，他仍樂於出謀劃策，對香港依然寄予厚望，拳拳愛港之情溢於言表。

他表示，回歸後 20 年間，香港雖然經歷了無數風雨，但依然繁榮穩定，依然是一個令人欣賞的國際大都市。

未來 20 年，在他看來，香港的主要優勢依然是健全的法制、發達的資訊，又與國際接軌、中西相容、網絡寬廣。而更重要的是香港實行的是「一國兩制」，在目前全球和區域經濟互動互惠的大環境下，上述這些條件非常突出和獨特，是其他地方和城市不具備的。這亦是香港最大的優勢，未來只要香港繼續認真落實「一國兩制」，各方面的建設便會辦得越來越好。

至於自己所服務的金融業，則是香港最突出的領域，陳有慶堅信，隨著國家改革開放的深化，特別是金融制度的改革，以及與外部的聯繫擴大，尤其與亞洲區其他城市的合作越來越密切，加上「一帶一路」的推進，人民幣國際化的進程一定會加快。

陳有慶指出，由於香港是亞洲國際金融中心，作為人民幣離岸中心的地位會不斷提升，可發揮的作用和功能也會不斷增大。此外，亞洲區域特別是新興經濟體，包括內地龐大的經貿互動日益增多，需要越來越多金融服務支撐，發展潛力很大。作為金融界的服務者，他對這方面的前景充滿信心。

「粵港澳大灣區」期望建設成為怎樣的格局？他認為，這是國家在新時期，配合「一帶一路」和國家規劃的一個重大國策，如能夠好好落實的話，對內、對外都將會有很大的影響力，到時完全有條件與紐約、東京等地的大灣區媲美。從目前的規劃看，大灣區會重點發展製造業、創新技術產業和服務業。

▲陳有慶在 2000 年獲香港特區政府頒授金紫荊星章。

陳有慶對香港的金融服務尤其看好。香港之所以具備今日國際金融中心的地位，是有歷史原因的。他憶述說，上世紀 70 到 80 年代，內地改革開放，因為土地、勞動力等成本優勢，香港製造業北上發展，其他區域的商家到內地投資的也越來越多，所需的服務支援因而不斷增加，這造就了香港服務業的急速發展，加上制度優勢，也成就了香港發展金融業的獨特商機。

陳有慶強調，現在國家要發展大灣區，隨著各方面建設的開展，區內經濟、貿易活動必然日趨頻繁，香港服務業尤其是金融業，將會順應營商環境的變化而不斷作出調整，因此無論在數或量方面，都會增強和優化。在諸多優勢中，挑選金融為經營的重點，是一個時代的機會，也是有智慧的表現。陳有慶相信，大家會努力配合特區政府的政策，加倍珍惜這樣的優越條件，盡力去發揮香港一直以來與內地緊密合作的豐富經驗之優勢，積極為區域經濟提供金融業的支撐服務。

有關「一帶一路」的議題，陳有慶表示，5 月份在北京召開的「『一帶一路』國際合作高峰論壇」圓滿成功，已經充分說明這是一個舉世矚目的大規劃，對世界經濟的互動互惠和互補都將產生深遠的影響，是目前世界經濟向前推進的一個積極動力。

根據內地披露的數據，未來 5 年，中國將從「一帶一路」沿線國家和地區進口 20,000 億美元的商品，對外投資將超過 7,500 億美元，出境遊客有可能超過 5 億人次，這構建成了一個巨大的商機，而由此產生的「資金融通」將會有很大的需求。

　　陳有慶重申，香港擁有「一國兩制」和國際金融中心地位的獨特優勢，加上法制健全，人才技術配套完善，國際網絡寬厚等等，完全有能力在人民幣國際化離岸中心方面發揮作用，作為中介和橋樑的角色，這也是其他金融中心所不能替代的。他相信，大家會在這方面多做工作，努力去爭取各方面的商機。

　　陳有慶自豪地說，回歸 20 年來，香港在實踐「一國兩制」方面取得了一定的成就，保持了香港的繁榮穩定，也與國家多方面展開了越來越密切的合作，這在國際社會上大家是有目共睹的。然而，回歸後，適逢世界經濟諸多不明朗的環境因素，多國、多地區的地緣政治等也不時帶來不穩定的因素，這無可避免會對香港的經濟和社會造成影響，例如社會的貧富差距擴大、社會保障不充足、年輕人向上流動機會不暢順等等，但這些都是世界共同的問題。

　　他認為，香港雖然不能獨善其身，但是相對世界上的其他地方來說，香港地位獨特，連接的是一個龐大的內地市場，又趕上國家「一帶一路」等戰略，從市場學的角度看，無論規模、潛在動力以及產業結構的合理調整，都正在給香港帶來新的機會，就如上世紀 70 年代末到 80 年代初期間的蓬勃盛世，這是又一次邁向成功的機會。

　　他對筆者說，新一屆特區政府已上任，自己也很期待他們會好好研究以上環境的變化，分析當中可能衍生的機會和風險，找出適合香港特色和持續發展的途徑，在社會和經濟環境的變化中，為香港、為社會各階層、為加強

▲ 2004 年，陳有慶於香港僑界社團聯會成立典禮上榮任會長。

教育培養人才、為改善民生、為年輕下一代開拓更多向上發展的空間，建立和諧、文明和進步的嶄新城市。

他坦言，要實現以上願望，人才最重要，他已關注到新政府將會加大對教育的投資，希望投入的資源用得其所，在未來幾年可看到香港教育發展的新氣象；另外，世界潮流的最大特點是強化科技創新在各行各業的應用，他相信新的香港政府班子會充分把握「粵港澳大灣區」等與內地合作的機會，積極開拓這方面的研究，加快互惠互補新模式的探討，迎接經濟發展的新需要。

陳有慶稱，香港回歸後，與國家的商貿聯繫越來越密切，加上《內地與香港關於建立更緊密經貿關係的安排》（CEPA）、放寬人民幣業務進入香港的限制等，都直接對他自己的家族企業增加了投資和發展空間。他舉例說，父親陳弼臣於 1944 年在泰國創建的盤谷銀行，曾一度是世界上最賺錢的銀行之一，早於 1986 年就開始到北京開設辦事處，業務主要是為僑商和台商提供銀行服務。現已分別在廈門、深圳、上海、北京、重慶等地開設了分行，

為在新時代拓展內地業務建立了穩固的市場網絡。

至於他本人所經營的亞洲金融集團，亦得益於內地開放金融服務業的政策。例如與中國人民保險集團公司、中國人民財產保險公司、泰國盤谷銀行、日本住友生命有限公司聯合組成的中國人民人壽保險股份有限公司，致力發展中國的保險業務。由於股東公司都有豐富的營運經驗和網絡，加上人保集團馳名的品牌、廣闊的服務網絡和客戶資源優勢，多年來都取得很好的業績，位居中國人壽保險市場的前列。其他業務如教育、醫療等，因應社會發展及人口結構變化等，集團也正在努力探討和積極付諸行動，以期在不久的將來有更可觀的成果。

和香港大多商貿人士一樣，陳有慶深信，國家經濟結構轉型、改革會不斷推進，這是新生事物，包括很多創新的概念、技術、資金等等，外資金融等服務業在中國的發展空間會越來越大，挑戰也會越來越大，但只要我們好好利用「中國因素」，新一輪的投資將會有更大的作為。

陳有慶 金融傳奇 繼往開來

盛智文
我很驕傲我是中國人

**" 不要盯著昨天,而要抓住未來,
因為昨天無法改變,未來可以改變。 "**

　　盛智文(Allan Zeman),出生於德國的中國籍猶太人。1970年代初,由於工作關係來到香港,及後因對香港喜愛有加,決定在此定居。有「蘭桂坊之父」之稱的盛智文,曾任香港海洋公園董事局主席,獲政府委任為太平紳士,並獲頒授金紫荊星章及大紫荊勳章等等。2008年,盛智文因放棄加拿大國籍,加入中國國籍,而成城中一時熱話。

文:周馬麗

盛智文，猶太人，生於德國，長於加拿大，19 歲來到香港，約 60 歲時放棄加拿大國籍、加入中國籍。盛智文在香港創造了多個「奇跡」，將本是花店、肉檔和小印刷商佔領的街區發展成香港地標蘭桂坊，令瀕臨倒閉的海洋公園一舉翻身崛起為可與迪士尼抗衡的亞洲娛樂新地標……他與香港識於微時，相互成就，在這片本無血緣、親緣關係的土地上，實現了商業的進取與巔峰，完成了名利的回饋與收穫，完整了人生的起承與轉合。在香港回歸 20 周年之際，在近 50 年的長於斯中，盛智文接受了我們的採訪，回憶了他與香港因緣際會的相識、親歷香港回歸的難忘經歷，展望了香港未來的發展，也袒露了選擇中國籍的心路歷程。

三次鑄就奇跡的人

　　這不是一個商業巨賈之子創造二度財富的故事。

　　家境清貧，7 歲喪父，故盛智文比別人早熟。10 歲時，他白天上課，晚上送報紙、到牛排館兼職擦桌子賺錢養家；16 歲時，成為全校第一個靠自己力量賺錢買車的學生；19 歲時，觸覺敏銳的他發現香港製衣業商機，僅憑著成衣進出口大展拳腳，一舉賺足 100 萬元加幣。他是寒門貴子。

▲童年盛智文。

▲童年盛智文與父親。

▲ 2012 年 11 月，香港海洋公園獲廣受全球業界認同的頂尖榮譽大獎 Applause Award 全球最佳主題公園獎，及三項卓越大銅鈴獎。圖為盛智文與時任海洋公園副行政總裁李繩宗。

▲ 蘭桂坊 2015 年啤酒節。

　　就是在那一年，上世紀 60 年代末 70 年代初，盛智文接觸了香港。7 年後，他選擇在此定居。這個決定出於商機，常人卻難以理解。時年 26 歲的盛智文告知母親：「媽，我要搬去香港了。」母親卻問：「什麼？你要去日本了？」彼時的香港，知名度不甚了了，亞洲之外幾乎無人知曉。就這樣，盛智文帶著拓展服裝外貿生意的目的來到了香港，卻無心插柳，額外締造了一個為他帶來更大名望的「標籤」——蘭桂坊。

　　如今，蘭桂坊的盛名已毋庸贅述。她是香港地標、各國遊客到港的「第一站」。人人都知盛智文是「蘭桂坊之父」，但少有人提及這個於上世紀 70 年代末至 80 年代發跡的香港潮流地的起家史：那本來只是一條不被看好的小路，因為直通上山，坡度甚大；那也是一條具有潛力的小路，因為距中環「精華」之所在——皇后大道僅一街之隔。彼時新張夜店 Disco Disco 已為小街打響知名度，但後來經盛智文大力開展，開設西式餐館、社交酒吧，建立多元化商廈，其影響終被擴大，發展漸具規模，得以成為真正令香港知名的中西融合典範。這條 L 形小徑的名字，也成了如今世界知名的街區——蘭桂坊。外商在此聚集會友，設計師、買手、模特兒在此休閒消遣，最炫目

的那一輩港星在此保持著「先鋒」狀態，這裡成了所有身在香港以外的中國人念念所往的「全球娛樂精華所在」。

　　盛智文成就了蘭桂坊，蘭桂坊也成了香港得以仰仗的地標，更成為了盛智文少年成就的 100 萬元加幣之後，人生中濃墨重彩的第二筆，他至今仍被稱作「蘭桂坊之父」，手握 70% 蘭桂坊業權。

　　「蘭桂坊」之後，特區政府便力邀他拯救海洋公園。那時的海洋公園垂死掙扎：年逾三十的公園設施老舊、牆上油漆片片剝落，連續 4 年每年虧損逾 2 億港元；時值「沙士」（SARS）爆發，香港恍若「空城」，遊客全無；更難過的是，迪士尼樂園也即將竣工落成……「前有堵截，後有追兵」，盛智文本不願接手，但時任特首董建華「六顧茅廬」，不斷力邀，他才硬著頭皮接下。

▲ 2012 年，海洋公園為慶祝 33 周年推出「香港老大街」新景點，在開幕式上，時任海洋公園主席盛智文與時任發展局局長林鄭月娥出席。盛智文打扮成人力車夫，口袋裡還裝著「馬經」。

接手後，盛智文開啟白手起家時的「硬漢」商人模式，使出渾身解數：將海洋公園準確定位，觀察遊客喜好，引入後來名聲大噪的「水母萬花筒」，以三寸不爛之舌向政府「要」來 55 億融資和國寶大熊貓，犧牲形象搞怪扮「水母」、「巴西女郎」，令海洋公園牢牢佔據媒體頭條……第一年推出西式鬼怪的萬聖節「哈囉喂」乏人問津，第二年他便扮成港產殭屍，看到「大家被嚇得喊破喉嚨」，他得意不已。「哈囉喂」隨後成為海洋公園「起死回生」的關鍵之一。

在任 11 年間，海洋公園和他被稱為「米奇老鼠殺手」，迪士尼直到營業 7 年後的 2012 年才開始有盈利，而這 11 年來海洋公園的平均年純利已達約 1 億港元。海洋公園更於 2012 年獲得業界頂尖榮譽「全球最佳主題公園」獎，成為全球十大最受歡迎主題公園之一。

接手海洋公園時，盛智文說過，「要麼倒閉，要麼大幹一場，做到極致」。一如他當年白手起家，17 歲便誤打誤撞涉足服裝行業，僅用 2 年便打下 100 萬「江山」；一如他在內地開放初期、仍對外國人處處戒備的年代，便放棄在香港坐享其成，反而大膽進軍內地，結果再度因台灣紡織成本上漲而拿到可觀差價，令公司價值飆升至 22 億港元。

盛智文大學輟學，不是科班出身，亦非商業巨賈之子，出身平凡甚至寒微的他，卻一手創造了多個商業奇跡。他行必有因，不循常理，被稱「鬼才」。

「不要盯著昨天，而要抓住未來，因為昨天無法改變，未來可以改變」、「永遠關注如何才能實現夢想」，這兩句話是盛智文本次採訪說得最多的口頭禪。

我始終對香港回歸充滿信心

上世紀 70 年代初來港，80 年代在此安家，長居至今，盛智文完整經歷

了香港回歸前、回歸初期、回歸後三個階段。回歸前，他已在內地經商逾20年。舉世矚目的香港回歸，他充滿信心，還對蜂擁至港、試圖「套話」的外媒再三反駁，「你們認為香港要『死』的想法是錯的。香港回歸後會更好，我對內地有信心。」本次採訪中，他滿是得意地對筆者說：「事實證明我對了。」

1997年6月30日晚，盛智文受邀參加英方的撤離儀式和在新落成的會展中心舉行的中英交接儀式。那天雨下得很大，是他記憶中香港下過最大的雨，在場所有人渾身濕透。隨著英方撤離儀式進行到翌日凌晨4點，人們就保持著濕透的狀態直到儀式結束。「這是一種非常獨特的體驗。」「這場雨完全無關緊要，因為我們見證了歷史，見證了這場全世界都在關注的里程碑式的儀式。這將永遠是我生命中值得紀念的時刻。」

更為重要的是，彼時全球媒體湧入香港，希望聽到「回歸將成為香港末日」的說法。盛智文因為長著一張西方人的臉孔，幾乎所有媒體都來採訪他，希望從他的口中，印證他們的預想。盛智文坦言，這些媒體之所以會這樣想，是因為他們對中國內地絲毫不了解。而他因為當時已在內地經商超過20年的時間，對內地的情況非常熟悉。看到了內地發生的巨變，人們生活質量的快速提高，所有的建設都在高速進行，盛智文說他對香港回歸始終非常有信心，對香港回歸後的發展也非常有信心，所以他不斷地告訴每一個採訪他的媒體：「相信我，你們會看到香港變得更好，而不是你們想像的那樣。中國可能不善於在國際上為自己做公關、做面子工作，但是中國國內的確發生著令人印象深刻的轉變。所以香港回歸後，你們會看到香港的未來更加美好。」

「一國兩制」是鄧小平偉大且極具膽魄的構想，因為這在國際上是史無前例的，他如此評價。鄧小平清楚地看到當時的香港比中國內地先進，

希望香港能夠引領中國進步，為了保持香港的穩定，保持香港的先進優勢，將這樣一個史無前例、具有膽魄的構想應用於解決「香港問題」，鄧小平「偉大且極具膽魄」。

盛智文說，這 20 年，印證了他在 20 年前對外媒說的話——「香港回歸後，只會越來越好」，香港人仍然享有他們曾一度擔心會失去的言論自由，他們可以舉行示威、遊行，媒體言論自由也未曾有變。香港也從曾經以出口為導向的製造業工廠基地，轉變為金融服務業主導的世界金融中心之一。香港是全球最大的離岸人民幣貿易結算中心。香港的經濟實力比回歸前更強大了。此外，尤為需要特別指出的是，香港還擁有一個重要的特質——安全。放眼當今世界，比如歐洲一些國家頻繁發生恐怖事件，英國倫敦僅 2017 年就遭受多起惡性恐怖襲擊；中東地區敘利亞、伊拉克等地戰火不斷，恐怖主義擴張，當地人們的生活和生命遭受嚴重威脅和危害。因此，「我們不由得倍感身在香港是多麼的可貴，我們是多麼幸運。」

香港未來的發展離不開內地

如今，香港回歸適逢 20 周年，盛智文早已在此之間轉換了國籍、安家香港，更安「心」於此了。談及香港未來的發展，盛智文加快的語速、加強的語氣、更為誇張的手勢，都顯示出，他不再是外籍人士「旁觀者」一般的瀟脫淡然，而有了「本地人」特有的迫切，憂心著房價和年輕人發展等問題，也傾盡自己的經驗，對香港的未來提出自己的建議、期待。

「我認為香港未來的發展離不開內地」，分析了香港和內地兩地的現狀和前景，盛智文如此總結。

「科技創新將是未來全球發展的主導，而在這一領域，內地已經超

時代巨擘——他們眼中的香港二十年

134

越了香港。」因此,香港需要將自己和內地連接起來。內地在科創領域起步較早,阿里巴巴、騰訊、百度等已經成為互聯網領域巨頭。微信擁有9億6千萬用戶,這一應用程序幾乎可以說是改變了內地的生活方式、文化,乃至經商方式。在內地一些城市,出門甚至已經無需攜帶現金或信用卡,可以只憑手機,通過支付寶、微信或二維碼,無障礙支付從搭車出門、看病繳費、吃飯買水,乃至請人搬運等大大小小的花費。「我敢說在電子支付領域,內地甚至超越了硅谷,成為了全球領先的國家。」摩拜單車(Mobike)等嶄新的依託與科技創新的行業也不斷在內地興起。香港應該將自己和內地連接起來,在其中找到自己的位置,也作出「成為科創行業領軍城市」的決心和行動。

　　未來有兩件事情將改變香港:一是港珠澳大橋,港珠澳大橋通車後,從香港到澳門或珠海的車程只需不到30分鐘,這意義非常重大,他說這就像當年紅磡海底隧道聯通香港島和九龍的意義一樣,也意味著打開了香港的西邊走廊;二是廣深港高速鐵路,廣深港高鐵通車後,從廣州到香港只需48分鐘,而從深圳到香港將縮短至僅10分鐘,「此前我們就已經見識到中國的高鐵建設把相對孤立的城市連結,彷彿瞬間打通城市間經濟命脈一般」,資金迅速在城市間相互快速流動,經濟活動蓬勃發展,GDP也彷彿「一夜之間」大幅增高,此時內地各城市才可以在意義上真正地聯通起來。盛智文說他相信廣深港高速鐵路也將如此改變香港,改變「粵港澳大灣區」,因為這是順應現實需求的。

　　內地還擁有龐大和越來越成熟的消費市場,香港無論如何重視都不為過。內地擁有13億之巨的人口,未來還將不斷增長,消費水平也在不斷上升。2016年,中國內地有1億2千萬遊客出國旅行。到2020年,內地出國旅遊人數據稱將達到2億人次。未來兩地通關手續也將簡化,科技先

已步入人臉識別階段，未來通關將更便捷，或許可能「可以簡單地走過關口，而不用再拿出身份證等證件了」。

我經歷的中國夠寫一本書

1980 年，中國內地人均 GDP 為 464 元人民幣；2015 年，全國人均 GDP 已達近 5 萬元人民幣。

跨越量級的增長一旦體現在民生領域，便不再僅僅是倍數所能體現的意義。簡而言之，30 多年裡，中國從積貧積弱，到成為世界第二大經濟體，其跨度多大，意義為何，且聽盛智文說出一二。

1980 年，伴隨著商機，盛智文在香港和內地間往返。在那個物資、能源稀缺的年代，傍晚 6 點，留宿的酒店準時斷電，盛智文他們點著蠟燭打乒乓球；酒店早中晚三餐一律只供應半小時，起晚了的盛智文和夥伴，只得自己到廚房找食物填肚；從廣州到長沙，如今坐高鐵需時不足 3 小時，而那時，盛智文要坐鐵皮火車，在硬座上一坐就是 30 至 40 小時，所幸錢多人膽大，盛智文曾「賄賂」列車員，得以進入僅有一節的臥鋪車廂，旋而發現，裡面坐的都是軍方高級將領。

上世紀 80 年代的內地，剛剛改革開放，老鄉們尚未見過多少外國人。在市鎮上出現的盛智文，成了老鄉們爭相「觀賞」的奇景。他回憶說，一位大膽的老鄉甚至走上前來摸他，似乎懷疑他皮膚的質地與大家有所不同。他回憶著，也把自己逗笑了。那時被他「走私」偷帶進內地的《時代周刊》，印著起飛的汽車廣告，無意中看到的鄉親們著實震驚，圍觀了許久。

那時的中國，落後得有些蒙昧，蒙昧的人們誠摯得有些可笑。這只是時代的特點。而這個國家和她的國人的品質，盛智文看得透徹，他說：「坐在硬座火車裡，看到窗外到處都在建設，人人充滿動力，都在發憤圖強。我相

▲ 2015 年，盛智文與員工在無錫商討活動前的準備工作。

信這樣的中國。」

　　時間拉回到近些年，盛智文講了一個不久前才發生的小故事。這個故事令他深感內地在科技創新領域的飛速進步，不僅體現在已幾乎無處不在的電子支付方式，更令他感慨的是內地對科創領域的重視已經體現在招商引資思路上。有一天，交往多年的內地某二線城市官員和盛智文會面談合作。席間，對方說道，希望在市裡建造一個科創會展中心。盛智文說，這起先令他感到很突然，因為此前雙方已合作數十年，內地多數城市每每和盛智文談起合作，通常都是建造另一個「蘭桂坊」，或大型購物娛樂中心等。因此，這句話給他很大的震撼。要知道，這是一個二線城市，而她的官員卻在擔心、關注著科創這個全球領先的話題。那次的談話令他有些難以置信，他說：「我敬佩這種緊跟時代的思路。」

　　盛智文說，他經歷過的中國，夠寫一本書。

在人生的數十年中，盛智文經歷了一個國家由赤貧到幾近發達的過程：從看到外國人臉孔都想上前用手撫摸，體驗是否與自己不同，到購物不再需要現金、信用卡，全靠手機，出國旅遊人次超過 1 億……一切皆發生在短短 30 年裡。如今回頭看，這於他而言可能像是看了一場百年歷程在 30 年間的快進，而於這個時代而言，又何嘗不是一場超越想像的突奔。難怪，他把自己叫做「圍觀了人類歷史的人」。

我見證了必將被歷史銘記的中國發展史

2008 年，時年快 60 歲的盛智文放棄了加拿大國籍，加入中國國籍。放棄一個發達經濟體的國籍，選擇一個發展中的國家，這至今仍是一個相當罕見的舉動，令許多人感到吃驚。

盛智文說，8 年前的一天早晨，他醒來時，突然覺得自己已經為香港這個城市做了那麼多事情，孩子們都在這裡成長、在這裡上學，而他也已經很少回加拿大了，甚至不知道加拿大現任總理是誰，孩子們總共只去過加拿大 4、5 次。「香港就是孩子們的家，是我們的家。」每當從其他國家或地區結束商務旅行後回到香港，落地的那一剎那，都會覺得「回到家了」。那是一種令人神清氣爽的感覺。

因此，他問自己是否還應該保持加拿大國籍。「我的心聲告訴我，不，我已經是香港人，我堅信中國的香港就是我心之所在。」於是，他決定放棄加拿大國籍，加入中國國籍。

他說他不僅了解香港，也了解內地，甚至可以說比絕大多數香港人更了解內地。不到 20 歲便來港，與內地貿易至今已數十年，他說自己在這裡的時間太久了，在中國文化中成長，思維方式已經成了一個中國人。「我的內心更像中國人，而非西方人。」他理解這個國家的運作，理解中國的每個省

市各不相同，文化也不同，整個中國就像是一個世界。「我和這裡的政府合作發展項目，我了解他們的行事習慣，我幾乎每兩周就在內地有一個新項目。」而且他說自己與其他在內地經商的港商不同，他們通常直奔主題，吃頓飯、談合作，之後就回香港，而沒有真正體驗這個社會。「而我會和內地的普通民眾打交道，從年輕人到長者，我喜歡這種感覺。」

當然，轉換國籍的過程也挑戰了不少人的神經。當他告訴加拿大政府要放棄原國籍、加入中國國籍後，政府不斷地向他確認，確定他是清醒地知道自己在做什麼的。這也導致政府用了 8 個月的時間才通過他的這個申請。加入中國國籍後，盛智文在出國和過關時也遇到了不少令人啼笑皆非的趣事。他去美國時，要在入境移民卡上填上自己的中國國籍，移民局官員就會一臉「你在開玩笑」的表情看著他，說「你長得可不像中國人」。每當這樣，盛智文都跟他們開玩笑說「這是基因突變」。入境中國內地時發生的趣事也不少。那裡有兩類窗口，分別對外國人和對中國居民。每當他拿著回鄉證排在中國居民隊伍時，總會有人指點他：「你要去排那邊的外國人隊！」盛智文只能回答：「不不不，我是中國公民。」每當窗口的出入境官員看到他的回鄉證，再看到他的西方臉孔後，總是用難以置信的表情審視很久，總覺得回鄉證可能是假的，最終還總免不了請他們的主管出面處理。

盛智文說，他見識了這些年中國發生的變化，所以了解她、信任她、信任她的未來。於他而言，就像生活在人類的歷史書裡，見證了這段必將被未來銘記的的發展歷程。「我很驕傲我是中國人。我總說我是一個白殼蛋，外表是白色的，內心是黃色的。」

梁愛詩
「一國兩制」與基本法的堅定捍衞者

> 香港將有很多機遇，
> 香港要善於利用，不能故步自封，
> 否則就像逆水行舟，不進則退。

　　梁愛詩，廣東南海人，生於香港。她 1961 年考入香港大學，接受律師專業訓練；1968 年取得律師資格後開始私人執業，1988 年獲香港大學法律系首屆碩士學位。她 1988 年任廣東省人大代表，1993 年任第八屆全國人大代表，1994 年任港事顧問。1997 年 7 月 1 日，梁愛詩出任香港特別行政區首任律政司司長及行政會議成員，5 年後再次連任，2002 年獲頒大紫荊勳章。2006 年她出任全國人大常委會香港特別行政區基本法委員會副主任，2006 年底恢復私人執業，現任職姚黎李律師行顧問律師、國際公證人及中國委託公證人。

文：黎知明

▲回歸 20 年來，中央一直對香港擁有全面管治權。圖為香港的孩子們在揮舞國旗和區旗。

一頭標誌性的齊耳銀髮，別著兩個精巧的髮卡；一襲米黃色的套裝，扣著別致的胸花。她略施粉黛，卻帶來滿眼驚艷，光彩照人。她就是香港法律界的「大家姐」，曾任香港特別行政區政府首任律政司司長，現任全國人大常委會香港基本法委員會副主任的梁愛詩。

在一個小時的訪問中，梁愛詩輕言細語，卻擲地有聲，就香港回歸過渡期的法律工作、基本法的實施與推廣、「一國兩制」的落實與評價等問題，為我們娓娓道來。

接受時代挑戰　出掌首屆特區律政司

梁愛詩出生於 1939 年的香港。她出身書香門第，父親梁仲憲是廣州著名收藏家、畫家、書法家，在當時的省港藝壇很有威望。母親黃寶群系出香山（中山）黃氏名門，梁愛詩的外祖父黃冷觀是同盟會會員，是香山第一份報紙《香山旬報》的創辦者之一，並兼任中山長洲小學校長，又設工藝傳習

▲梁愛詩接受採訪後留影。

所。他在報上攻擊袁世凱稱帝，招致獄災，後移居香港，任香港《大光報》主編，創辦香港中華中學，是香港現代教育史上的一個重要人物。著名漫畫家黃苗子、香港《紫荊》雜誌社首任社長兼總編輯黃祖民均是梁愛詩的舅舅。梁愛詩 1961 年考入香港大學，接受律師專業訓練；1968 年就已取得律師資格，並開始私人執業。

1982 年到 1984 年間，中英雙方就香港前途問題進行談判的時候，梁愛詩已執業多年，是在圈子裡有名的律師。香港人極為關心中英談判，因為這事關乎自身的前途命運。到了 1984 年，在中英雙方談判到了後期的時候，大家都已清楚，英國在香港的殖民統治時代就要結束，香港即將迎來新的歷史時代。這時，梁愛詩聯同其他人士，在報紙上發表了一個 300 人聲明，題目是《我們接受時代的挑戰》。聲明表示，作為香港人，願意接受時代的挑戰，承擔起歷史重任。1984 年 12 月 19 日，《中英關於香港問題的聯合聲明》正式簽署，得到了香港各界的普遍歡迎。聯合聲明照顧到了香港的歷史和現實情況，也給了香港足夠的發展空間。

然而，由於原來的「直通車計劃」被末任港督彭定康的政改方案拆去路軌，中央即宣布「直通車計劃」不再有效，並決定「另起爐灶」，成立預委會（香港特別行政區籌備委員會預備工作委員會）及臨立會（臨時立法會）。梁愛詩為人低調，對政治從來不熱衷，之前也一直沒有參與過政府的工作。但她認為，作為香港法律界人士，應該就回歸的法律為預委會提供一些意見。於是，她聯同一班優秀的法律界專業人士組成了一個讀書會，在每一次預委

會法律專題小組開會前，將預先研究的問題，包括人權法、居留權、駐軍法、臨立會等等，整理出法律意見提交。後來籌委會（香港特別行政區籌備委員會）接替預委會工作，她的讀書會也繼續提交意見。

　　1996 年 12 月 11 日，特區政府第一屆行政長官董建華由選舉產生。隨後，董建華即開始著手籌組特區政府高層班子。當時港英政府的主要官員已幾乎全部由華人擔任，按照保持香港政壇穩定的原則，原港英政府勝任的官員基本留任或橫向調整。只有律政司馬富善是英國籍，按照基本法對特區主要官員必須是中國公民的國籍要求，馬富善必須離職。特區政府律政司司長主持香港政府的刑事檢控和法律事務，位高任重，要尋找一個合適的新人，成為擺在董建華面前的迫切要務。當時，梁愛詩在法律界已是口碑載道，廣受認可。董建華認為她是合適人選，便邀請其出任首屆特區政府律政司司長。梁愛詩淡泊名利，對政治不感興趣，初初並不為所動，婉拒了董建華的邀請。1997 年 2 月，董建華再次發出邀請，出於對國家對香港的責任，出於對這一重要歷史進程的使命，梁愛詩決定放棄如日中天的私人事業，答應出任新

▲ 1998 年 12 月 22 日，律政司司長梁愛詩在律政司辦公室。

梁愛詩　「一國兩制」與基本法的堅定捍衛者

政府公職，當年 4 月即投入工作。1997 年 7 月 1 日，梁愛詩正式宣誓就職，成為首屆特區政府律政司司長，也是開埠以來，負責香港律政事務的首位華人高官。

從私人執業到公職人士，梁愛詩這一轉變和跨越不可謂不大；在特區政府服務 600 萬香港市民，她感受到的責任和壓力不可謂不重。香港人對回歸祖國懷有很大期望，對「港人治港」也積極肯定。就像她於 1984 年發表在報章上的聲明所指出的，每個香港人都要承擔起這份責任，辦好香港的事情。所以，梁愛詩義無反顧，迎難而上，這一做，便是 8 年。

填補法律真空　護航特區過渡運作

「一國兩制」是一項前無古人的全新事業，在一個國家的前提下，兩種不同政治制度和不同法律制度在磨合過程中，帶來一系列法律問題和現實問題，考驗著中國人的智慧，也成為律政司司長梁愛詩面臨的重大課題。

當年中英談判時，雙方提出「直通車計劃」，以讓回歸前最後一屆立法局議員在回歸後過渡為特區第一屆立法會議員。但是由於彭定康的政改方案破壞了雙方互信基礎，1996 年 12 月，臨立會根據特區籌委會的決定而產生，目的在於通過必不可少的法律，作出必不可少的決定，比如填補法律真空，以及批准財政預算等，直至第一屆立法會選出，立法機關能正常運作為止。梁愛詩於 1997 年 4 月投入特區新政府工作，當時臨立會已經成立，在隨後的 3 個月時間裡，新班子起草審議了 13 條法例，填補了回歸後某些舊法例不被採用而留下的法律真空。因為 1997 年 2 月，全國人大常委會通過採用原來的法律成為香港特區的法律，但有 24 條法例全部或部分因抵觸基本法而不被採用，這些不被採用的法律留下了法律真空。1997 年 7 月 1 日凌晨，13 條法例通過《香港回歸條例》確認生效實施。

《香港回歸條例》保證了原有法律在不抵觸基本法的情況下繼續實施，

保證了港人的權利和義務，還有所有的訴訟、法官的委任、公務員體系的延續等繼續生效，對特區順利過渡發揮了很大的作用。然而回歸後不久，便有人開始挑戰《香港回歸條例》和臨立會的法律地位。回歸前夕，律師馬維騉被控串謀妨礙司法公正罪。回歸後，被告人認為以女皇之名的起訴已經失效，而且認為臨立會的產生並不符合基本法的規定，因此是非法組織，它通過的《香港回歸條例》也因而無效。

儘管回歸前港英政府不承認臨立會，甚至指臨立會「非法」，但是「普通法有一個原則，如果一個政府機構因為某種情況不能運作，可以用臨時機構代替，直到該政府機構恢復運作為止」，梁愛詩說，籌委會作出設立臨立會的決定是已交全國人大常委會確認通過的。所以在很短時間內，香港高等法院便裁定臨立會的合法性，它通過的法例是有效的，迅速澄清和肯定了臨立會的法律地位。否則，特區沒有一個合法的立法機關，必然會影響特區的穩定。

開創法制新篇　基本法在實施中完善

梁愛詩長期以來一直戮力守護和推廣基本法，這不僅是她曾經的律政司司長、後來的基本法委員會副主任的職責所在，更是她始終心存一份對國家對香港的忠誠擔當所在。她因此被譽為基本法的堅定捍衛者。

香港的法律界一直以來施行普通法系教育，有著一套穩固的法律制度，法治健全，司法獨立，這是值得香港人珍視的核心價值。回歸之後，作為大陸法系的基本法正式實施，不能因為不是普通法，就不接受這一新的事物。基本法在實施過程中，一些方面至今仍然有人抗拒，比如基本法的解釋權。但是，如果香港特區只是沿用採納了原有的法律，沒有接受新的規定，梁愛詩認為，那就是「沒有全面落實基本法，沒有全面實現『一國兩制』。」

基本法是在中國法律系統下通過的一個憲制性文件，「不會寫得太細。

我們要以開放的眼光去看待它,在實施的過程中令它完善。」梁愛詩說,基本法起草時,不一定會預見到後來的情況,所以出現爭議是很自然的。有人會說,為什麼現在爭議越來越多了?其實隨著認識的深入,就會發現有不同的意見,然後通過更多的案件判決,對基本法會看得更加清楚,認識也更加正確。

梁愛詩認為基本法是一套穩定性很強的法律制度,它與香港原來的普通法、衡平法、法律條例結合在一起,形成了一套很好的法律制度。梁愛詩表示,1997 年 7 月 1 日是一個新的起點,香港人不僅應該接受這套新的法律制度,還要繼續保持和發展。

回歸後,基本法在實施過程中不斷得到完善,法律地位不斷得以鞏固,中央與特區的關係也更加明確,這裡不可忽視的就是全國人大常委會對基本法進行解釋的重要性。而因為釋法,負責特區政府法律事務的律政司往往處於輿論的風口浪尖,梁愛詩就是站在風口浪尖的人。

梁愛詩認為,回歸後中央與香港的憲制地位必須明確,關係必須擺正,她特別提到 1999 年 1 月香港終審法院對吳嘉玲居港權案作出的判決。當時的判詞裡表示:如果全國人民代表大會或其常委會做的事情不合法時,終審

法院可宣布其為無效。她認為這從特區的法律地位來說就是不對的。雖然終審法院是香港最高的司法機關，但是從全國來看，它是一個地方政府的司法機關，而全國人民代表大會是最高的權力機構。一個下級政府的司法機關，是無權宣布其上級政府的行為是無效的，這在憲制上是很重要的一點。梁愛詩說，如果不把這個問題澄清的話，會引起憲制危機。當時兩地法律界都有人提出質疑和爭議，特區政府有責任促請法院進行澄清。後來法院作出聲明，司法機關的權力來自基本法，基本法是全國人民代表大會通過的，全國人大或其常委會按基本法和基本法的程序所做的事，法院不能質疑。如果全國人大常委會對基本法作出解釋，法院必須以此為判案依歸。梁愛詩認為，這裡「最重要的意義，就是把中央與特區的關係擺正了」。

吳嘉玲案帶來了第一次釋法，至今，全國人大常委會一共進行過 5 次釋法。根據憲法和基本法的規定，全國人大常委會擁有基本法解釋權。然而，仍然有一些人對釋法提出異議，梁愛詩都一一予以反擊。

第一種認為是，基本法授權特區法院審判案件時，就自治範圍內的條文作解釋，那麼全國人大常委會就沒有權再解釋，因為權力已經授出去了。梁愛詩指出，基本法規定了該法的解釋權屬於全國人大常委會，並且如果是涉及到中央管理的事務，或中央與特區關係的條文，在最終判決前要提請全國人大常委會進行法律解釋，並根據解釋判案，因此並非放棄解釋權。

第二種認為是，唯一有權提請釋法的只能是終審法院。但是根據憲法和基本法，全國人大常委會有權解釋基本法，當然有權力主動解釋。梁愛詩說，行政長官負責執行基本法，在執行基本法時碰到困難，有責任向國務院報告，國務院認為有需要，亦可提請人大釋法。

第三種認為是，如果香港法院已作了裁決，全國人大常委會便不應該

行使釋法權力。梁愛詩反問，如果法
院的解釋不符合立法原意，全國人大
常委會如何能不行使釋法權去糾正？

梁愛詩表示，全國人大常委會並
不輕易行使解釋權，每一次釋法，都
是為了解決香港不能解決的事情。雖
然釋法會帶來一些爭議，但如果沒有
釋法，怎麼去解決兩地的法律衝突怎
麼保證基本法的正確實施？基本法是
全國人大按照中國法律的法統制定
的，從立法原意上看，全國人大常委
會更清楚。所以在面臨或出現法律爭
議時，由全國人大常委會進行釋法是
有必要的。

▲ 1997 年 3 月，梁愛詩在北京出席第八屆全
國人民代表大會第五次會議。

從 1997 年到 2005 年，在她主持律政司 8 年的兩屆任期內，香港平安
度過了回歸初期兩種不同法律制度的磨合期，沒有發生重大法律問題的爭執
和衝突，確保了香港新憲制體系在「一國兩制」理念下的成功落實。2002 年，
梁愛詩被授予香港特別行政區最高榮譽稱號——大紫荊勳章。

落實「一國兩制」 未來發展充滿信心

「一國兩制」偉大事業至今已經落實 20 年，參與和見證了這一偉大進
程的梁愛詩認為，20 年來，「一國兩制」落實得很成功，從 6 個方面可以
看出來。一是無縫交接，平穩過渡；二是維持繁榮穩定，資本主義制度不變；
三是生活方式不變，人權和自由受到基本法的保障；四是法治健全，司法獨
立；五是民主發展，循序漸進；六是對外事務，發展良好。

梁愛詩說，在回歸過渡期時，有人只盯著原有制度不變，除了國防外交之外，似乎中央什麼都不能管，直到現在還有人這樣認為，這是很錯誤的。雖然原有制度不變，但是回歸後的制度還出現了基本法規定的新事物，這是原有制度沒有的，例如中央與特區的關係、「一國兩制」、中央對香港的權責等。事實上，中央對特區擁有很多權力，也承擔很多責任，包括委任行政長官和主要官員；對香港涉及國防、外交等國家行為的案件，香港法院沒有司法管轄權；基本法的解釋權和修改權，以及特區政制發展中的中央角色等等。如果排斥這些新的事物，便是沒有落實好「一國兩制」。

對於香港未來的發展，梁愛詩充滿信心。她說香港雖面臨一些世界性問題，比如貧富懸殊、收入分配不均、住房置業困難、年輕人向上流動問題等，但香港有「一國兩制」這個很好的制度，也有美好的藍圖，還有 20 年的成功經驗。香港的優勢在於有「一國」之利，國家的發展為香港帶來實惠和機遇；又有「兩制」之便，香港在國際聯繫上有很多制度便利。香港應該好好利用這些優厚條件去發展。當前，國家提出的「一帶一路」倡議和「粵港澳大灣區」發展規劃，給香港帶來了很多機遇，香港要善於利用，不能故步自封，否則就像逆水行舟，不進則退。

▲ 2002 年，時任香港特區行政長官的董建華頒授大紫荊勳章予時任律政司司長的梁愛詩。

曾憲梓
拳拳赤誠　報國情懷

> 立足本土、把握機遇、放眼國際，
>
> 為國家發展服務，
>
> 樹立中國在世界上的楷模形象，
>
> 中國的未來將前途無限。

　　曾憲梓，金利來集團創辦人兼董事會主席，生於廣東省梅縣一個農民家庭，幼年喪父，少年輟學，自小砍柴放牛幫補家計。後來得到政府扶助，重獲接受教育的機會，1961 年畢業於廣州中山大學生物學系。1968 年移居香港，曾憲梓為照顧家人從事領帶生意，後來創辦「金利來」，憑著過人的營商技巧，業務蒸蒸日上。1994 年至 2008 年任全國人大代表及全國人大常委會委員，香港回歸前亦曾任香港事務顧問和香港特別行政區籌備委員會委員，1997 年獲頒授大紫荊勳章，是政商兩和的一代企業家。

文：王蘇

▲ 2003 年 3 月 15 日，在全國人大十屆一次會議上，剛剛當選為國家主席的胡錦濤與曾憲梓親切握手。

子曰：「逝者如斯夫。」就像燦爛的夜空劃過天際的一道道星光，澎湃著時代夢想、執掌東方巨擘、點亮生命之光、感受砥礪輝煌、分享厚德精神。對於金利來集團董事局主席、前全國人大常委曾憲梓來說，這就是他的精神光耀之所在！

曾憲梓一生胼手胝足地為事業打拚，人生的篳路藍縷並沒令他氣餒，他依然與那個時代的香港企業家一樣，百折不撓、永往直前，書寫下春華秋實的傳奇。

2017 年 7 月 4 日，筆者來到曾憲梓位於九龍塘志士達道的大宅作專訪，其中他談論得最多的就是「慶祝香港回歸 20 周年」的話題，而當憶起其創業之路，曾憲梓表示當中艱辛滿途，並非一帆風順。聽他娓娓訴說往日所經歷的遭遇，令人感慨萬千。

「一國兩制」精魂　香港前景樂觀

　　回顧香港回歸後的 20 年，曾憲梓說雖然經歷了一個艱難困苦的歷程，但香港的繁榮穩定絲毫不受影響，例如 2003 年的金融海嘯，香港特區政府處理得非常好，在平衡各方面的關係時也做得不錯，這使香港可以保持著「東方之珠」的形象，和亞洲金融中心的地位。香港政府高瞻遠矚、力挽狂瀾、抵禦風險，再加上中央政府的支持，和商品免稅的優勢，大大增強了香港市民對經濟的信心。

　　他表示，香港「一國兩制」的成功實施，使香港保持著資本主義社會的特色，前往世界各地免簽證，大家都見證著過去 20 年來香港的成就，證明中國發展已趨一體化。中國好！香港會更好！他相信，今後 10 年，甚至 50 年，香港會持續快速健康地發展。

　　他對中國發展前景表示樂觀，他指出「粵港澳大灣區」各成員將來可以相輔相成，亞投行已在發展中，「一帶一路」亦打造了現代和諧的絲綢之路，將來全世界都可搭上「順風車」，而香港的金融中心地位亦正在發揮作用，人民幣結算業務以及「滬港通」都得到了國家的支持，故香港經濟與社會得以健康發展。

　　他強調，中國有一大批充滿智慧的英明領導，特別是十八大以來，他們繼往開來，同心共築中國夢，相信定能找到一條建設具有中國特色社會主義的發展道路，必將源遠流長的世代文明繼續發揚傳承。在這些有擔當、有使命感的領袖帶領下，秉承著「開放、包容、互鑒」的世界和平與發展主流，遵循著「平等合作、互利共贏」的原則，中國社會一定可以繼續保持穩定繁榮。而且，聯合國對「一帶一路」的肯定，以及各民族團結一家親，兼具多元化、整體化發展的運作模式，都能夠帶動彼此間的經濟合作發展。在中央

▲曾憲梓給工人示範縫製領帶。

的領導下，做到「大不嚇小、強不欺人、富不侮貧」，並將這樣的理念傳達到世界各地。立足本土、把握機遇、放眼國際，為國家發展服務，樹立中國在世界上的楷模形象，中國的未來將前途無限。

今年83歲的曾憲梓因身體欠佳，故將重任交予小兒子曾智明手中。他說道，「金利來」日後的發展，已交給愛兒打理。他愛香港，希望在有生之年為香港繼續發揮餘熱。他踐行自己的承諾，不忘初心，方得始終。秉持著「大愛無疆、普濟眾生」的公益精神，關心社會、關心國家。如每年資助2,500萬獎金予20,000名貧窮大學生。他認為，作為一個商人，這是自己應該做的善事，充滿人文關懷的他，貫徹著「水善利萬物而不爭」的做人風範，國家和香港給予的很多榮譽和禮遇已使他倍感滿足與自豪。

他還勉勵年輕人要多學習、多觀察、多思考，為國家貢獻智慧和力量；成功後用心栽培下一批新人，用滿腔熱血報效祖國。

▲ 2005 年，時任全國人大委員長吳邦國（右）到訪視察梅州金利來工業中心，曾憲梓熱情招待。

拳拳赤子　意向遠大

　　人說客家出英才，一直沿襲至今，據《客家志》書上記載：曾憲梓為曾子後裔。1934 年出生在廣東梅縣一個農民家庭的他，家徒四壁，一貧如洗。依靠國家的 3 元助學金，唸完了中學，再依靠補助費於中山大學生物系讀至畢業。1963 年，曾憲梓經香港到泰國，僑居了 5 年。1968 年，又從泰國回到香港。

　　初回香港時，他兩手空空，舉步維艱。經過幾十年的奮鬥，歷經坎坷人生路。如今，曾憲梓已是舉足輕重的商界大人物，現任金利來集團有限公司董事局主席、中華全國工商業聯合會名譽副主席。

　　20 幾年前，筆者隨香港嘉應商會會長曾憲梓率領的訪問團一行赴梅州採訪。記得當時坐了 7、8 個小時的火車，

　　在途中趁機向曾先生討教創業之經，聽他輕鬆地說著並不輕鬆的故事。

時光回到曾憲梓創業的艱辛歲月，曾先生帶著自家製造的領帶在香港沿街一路推銷，幾經拚搏後站穩陣腳，最終創立了香港知名品牌——「金利來」。

他說當時的生活非常艱難，時常捉襟見肘，沒有鞋子穿，為了生活賺口飯吃，更曾替人看管孩子。種種窘況，令他萌發了創業的決心，於是利用晚間時間鑽研香港的市場狀況，才發現儘管香港的服裝業發達，香港人也很喜歡穿西服，可是卻沒有一家生產領帶的工廠。於是，他拿出叔叔資助的 6,000 港元，又騰出自家租住的房子，辦起了領帶生產廠。

剛開始時，曾憲梓和妻子黃麗群兩人只是用手工縫製低檔的領帶。儘管夫唱婦隨、起早摸黑，無論幹得多辛苦，都沒有生意找上門。經過仔細思考，他決定改做高級領帶。他買來法國、瑞士的高檔領帶進行研究仿製，生產出了一批高端領帶。為打開銷路，他大膽痛下決心，把第一批產品擺在一家百貨公司以寄賣形式出售，這一辦法果然奏效。

由於花色、款式新穎，他這批產品在市場上頗受歡迎。很快，他製造的領帶便在香港打響了名堂，於 1970 年更在香港暢銷起來。也就在這年，他正式註冊成立了「金利來（遠東）有限公司」。翌年，他在九龍買下了一塊約 600 平方米的工業廠房地皮，建起了一個初具規模的領帶生產廠。

1973 年的世界能源危機導致香港經濟不景氣，當時各種商品紛紛降價出售，而曾憲梓卻反其道而行之。他一方面不斷改進「金利來」領帶的品質，另一方面獨樹一幟地作高端包裝。結果，生意反而出乎意料地好起來。當經濟蕭條過後，「金利來」更是身價倍增，在香港成了獨佔鰲頭的名牌領帶。

「金利來，男人的世界」。由這句廣告語可見「金利來」不僅僅做領帶，

業務已開拓到更廣闊的男士用品領域去了。從「Ｔ恤」開始，逐步推出「金利來」品牌的皮帶、襪子、吊帶、花邊、腰封、領結、領帶夾、袖口鈕、匙扣、服裝等系列產品，使公司和「金利來」品牌走向了多元化發展之路。

在鞏固香港市場的同時，曾憲梓還以積極樂觀的態度拓展海外市場，向東南亞國家進軍。他親自到新加坡考察，創辦分公司，尋找合作夥伴。獲得成功後又迅速把市場拓展到印尼、馬來西亞、泰國、台灣……迄今為止，「金利來」在這些國家和地區的大型客戶已超過上千家。

曾憲梓是一個有遠大志向的人，他心中的目標是要創世界名牌。「金利來」品牌之所以知名度高，也是與注重企業文化的品牌建設分不開的。他多次到西歐領帶廠參觀，學習他們的製作工藝和經營方法，然後集眾家之長，引進先進的生產設備和嚴格的管理、檢驗制度，他還大膽聘用海外設計師，改變固有的品牌形象，致力於品牌向高端方向發展，從而使「金利來」領帶逐漸佔領了香港市場，成為男人們莊重、高雅、瀟灑的象徵。

赤誠桑梓　心繫客家

時光倒流回到「文革」結束後的 1978 年，當年已離鄉 15 年的曾憲梓在香港已經事業有成。他回到家鄉，見到家鄉仍然貧窮，就下決心幫助家鄉。曾憲梓來到自己當年就讀的東山中學，決定捐建一棟教學樓。可那時「文革」剛結束不久，要接受一個來自香港的資本家的捐助，還頗具周折，要先由東山中學給縣裡的僑辦寫報告，一級一級地申報到「廣東省革命委員會」。「精誠所至，金石為開」。捐建教學樓一事終於審批下來。當時建一棟教學樓需要人民幣 10 萬元，相當於當時的 30 萬港元，這對當年曾憲梓的企業規模來說並非小數目。在那個年代的內地，曾憲梓先生的捐助義舉，為華僑同胞捐

助內地建設起了帶頭的作用。

　　1989 年，曾憲梓投入 100 萬美元，在梅州成立了「中國銀利來有限公司」，引進了 4 條國際先進水準的領帶生產流水線，使「銀利來」領帶首先成為中國的名牌領帶。如今「銀利來」領帶的年生產量已達 1,000 萬條，營業額超過人民幣 1 億元，但曾憲梓在該公開典禮上明確宣布，應當分配給他的那一部分利潤，他分文不取，全部捐獻給家鄉梅州。他每年都以捐贈的方式，用 50 萬元以上的港幣幫助家鄉梅州的經濟建設，為東山中學、嘉應學院、學藝中學建造圖書館，為梅州中學建設人行天橋，為樂育中學修建辦公樓……他為家鄉捐助的善款已超過了 2 億港元。

　　「十度春風看廣廈宏開規模初具蔚起人文追往哲　敢操翰墨辦真才廿一世紀喜江山有待桃李成蹊」在嘉應學院的德龍禮堂兩側懸掛的上述這副對聯，寓意正與曾憲梓的肺腑之言吻合。正如曾憲梓所説：「人生不算短，可以創造許多財富……當每次回鄉，看到家鄉父老鄉親笑容滿面，生活過得好，經濟不斷發展，心裡就高興，一高興本來不太好的身體便來了精神，這可是人逢喜事精神爽啊！」

團結華商　奉獻心力

　　年輕時創業的艱辛，不分白天黑夜超負荷工作，加上後來擔任各種社會職務的盡心盡力，竟然把自己的身體累垮了。最初，他發現自己患有高血壓卻沒加注意，後來竟影響到了腎功能。1995 年 2 月的一天，曾憲梓正在北京開全國人大常委會，突然昏迷和出現全身浮腫的情況，他被立即送往醫院，醫院即下了病危通知。曾憲梓的病情第一時間報到中央，中央眾領導翌日紛紛送來鮮花，或者前來探望。這一次，曾憲梓因為及時得到救治而保住

曾憲梓　拳拳赤誠　報國情懷

157

了生命。

　　此後，曾憲梓仍然不辭勞苦地全身投入於自己的事業及公職事務，因此忽略了自身健康，致又因腎病復發倒下了！1998年，曾憲梓換腎失敗，醫院方面表示已經盡力了，並通知曾憲梓家人為他準備後事。就在這時，中央領導指示廣州中山一院要全力搶救曾憲梓的生命，醫院組織了出類拔萃的醫護人員，在搶救了整整66天後，終於將曾憲梓從死神手中奪了回來。

　　經歷了與死神擦肩而過之後，曾憲梓更是深深感受到自己與祖國血濃於水的親情，他更加抓緊時間盡全力報效祖國，他說：「我曾憲梓的生命是屬於國家的，我必須為國家戰鬥到生命的最後一刻。」只要身體一有好轉，他就忙開了，儘管只能依靠輪椅行動，而且每天需要進行繁複的透析和服藥，但他仍然在護理員的照顧下活躍地四圍走動。

　　記得「汶川大地震」發生後，心情沉重的曾憲梓來到中聯辦，向災區捐款1,000萬元。僅在2008年這一年，他就向內地捐款超過一億元。

　　對於生死，曾憲梓看得很淡，他說他這一生獲得了祖國給予他的各種榮譽，不枉此生了。唯一讓他念念不忘的還是那句「報效祖國」，他曾說：「只要『金利來』不破產，曾憲梓不死，我對祖國的回報就不會停止。現在看來，『金利來』是不會破產的，但曾憲梓終究會離去，所以我要兒子像我一樣愛國才行，請大家一起監督我的兒子。」事實上，曾憲梓的三個兒子都已成家立室，承繼家業。現在兒孫滿堂，令他感到滿足。

　　富有而節儉的他平常都穿「金利來」品牌的衣服。他對自己要求很苛刻，省吃儉用、能省則省。他是「領帶大王」，卻從不進夜總會，不跳舞不賭博，身體好的時候，還常常回家自己下廚做飯。

　　香港中華總商會是香港最具影響力的商會之一，宗旨是團結香港企業界

人士，組織海內外華人到祖國投資興業。霍英東提攜曾憲梓令他得以先後三度擔任會長，在擔任會長期間他不負重託，加強了香港與內地的融合，更運用這個平台為內地引進了許多香港及海外的投資。

「世界華商大會」自 1991 年在新加坡首次召開，每兩年舉行一次。曾憲梓極力推進「華商大會」在中國召開。2001 年 9 月在南京召開的第六屆「世界華商大會」，由於申報晚了，險些失去了舉辦的機會，曾憲梓向新加坡和泰國的中華總商會說明了此事，最後終於促成該會在南京舉辦，這次會議會更是過去舉辦的幾屆大會中最成功的一屆，來自世界各地 70 多個國家和地區的海外華商共 4,000 多人蒞臨盛會，絕大多數華商在大會期間就已洽談好在國內的投資項目。大家都說，這次大會的成功圓滿與曾憲梓的努力是分不開的。

香港在回歸之前，曾憲梓擔任著全國人大常委、香港基本法諮詢委員會委員、香港中華總商會會長等眾多職務，他利用這些身份到處走訪各階層的香港人，聽取他們對回歸工作的意見包括基本法的起草等方面，也去徵詢市民的意見。曾憲梓的愛國舉動招來了許多反對派的罵聲，對此，曾憲梓很坦然面對，回顧往事，他淡然地說了一句「笑罵由人」，這便是他義無反顧的心聲。

憶起 1997 年 7 月 1 日，香港回歸儀式在香港會議展覽中心大會堂舉行，曾憲梓作為嘉賓也在場，當國旗升起來的時候，曾憲梓振臂高呼：「祖國萬歲！」他的聲音非常大，雖被淹沒在歌聲裡，卻讓許多在場的人都聽到了，大家相視而笑，率性而發自內心，感動之情溢於言表。回歸的第二天，特區政府給他頒發首批「大紫荊勳章」榮銜，這個榮譽在香港勳銜制度中是最高的。

▲ 1998 年 10 月 1 日，曾憲梓（左二）出席香港同胞慶祝國慶文藝晚會，並與安子介（右一）、霍英東（右三）、董建華（右二）和李澤添（左一）等主持開幕按鈕儀式。

「三個基金」 報效祖國

　　曾憲梓名下有三個基金：曾憲梓教育基金、載人航天基金，以及體育基金。教育基金成立 15 年以來，1993 年至 1999 年共獎勵了內地 7,000 多名優秀教師，獎金總額達 4,502 萬元人民幣。2000 年開始，每年資助北大、清華等 3,835 所內地高校家境貧困、品學兼優的大學生 14,000 名。

　　2004 年，曾憲梓捐資一億港幣設立「曾憲梓載人航天基金會」。成立大會上，曾憲梓說：「我雖然並不富有，但總想以各種方式回報祖國對自己的培養。只要是對國家發展有益的事，我都會慷慨解囊。」

　　2008 年，曾憲梓還設立了一億港元的體育基金，後來基金會的獎勵對象轉為家境貧困而成績優異的在校大學生。

　　迄今為止，曾憲梓先後向家鄉、祖國內地和香港等地捐助的項目超過

800 項，涉及教育、科技、醫療、公共設施、社會公益等方面，曾憲梓已經向家鄉、祖國和香港等捐贈善款總計超過 10 多億元。

現在曾憲梓已婉辭了很多職務，更於 2008 年卸下了擔任多年的全國人大常委等職務。按道理，他應該好好休息一下了。他說他最快樂的事情就是給需要幫助的人提供幫助，他承諾把餘下財富全部捐給國家！

祖國發展的點點滴滴從來都牽動著他的心。他的拳拳愛國之心震撼、影響著很多人。

採訪當天，曾憲梓的心情好極了，也許是受到「回歸 20 周年」紀念活動的影響，他一口氣說出了關於「回歸」的感想，興奮心情溢於言表，筆者有幸分享到他對祖國的滿腔熱情，對人民的有情有義，以及與病魔殊死搏鬥的難言之情。這也是一種緣分啊！

▲ 2012 年 8 月，中國載人航天工程副總指揮牛紅光（左二）和神九航天員景海鵬（左一）、劉旺（右一）、劉洋（右二）向曾憲梓致送隨神舟飛船遨遊太空之「鑄就輝煌」紀念冊。

楊孫西
高情如雲　虛懷涵月

> **"** 港澳雖閃爍，但卻不夠遼闊，
> 將粵港澳地區連成一片，浩瀚燈海似繁花綻放，
> 那將是另一番無敵的視野震撼效果。 **"**

楊孫西，生於福建石獅的菲律賓華僑。歷任第八、第九屆全國政協委員；第十、第十一屆全國政協常委；第十一、第十二屆香港特區全國人民代表大會代表選舉會議主席團成員。1995 年，楊孫西獲委任為香港特區籌備委員會委員，是籌委會內「第一任行政長官小組」和「經濟小組」成員。1994 年至 1997 年，獲國務院港澳辦及新華社香港分社委任為港事顧問。1969 年，楊孫西創辦了香港國際針織製衣廠，其後發展成為多元化集團——香江國際集團，楊孫西擔任董事長。更曾獲特區政府頒授太平紳士、大紫荊勳章等殊榮。

文：王蘇

成功非僥倖，成就事業要有眼光、有信心，還要有刻苦耐勞的精神。在楊孫西香江國際大廈辦公大樓裡，筆者再次領略了這位先後榮獲香港特區政府頒授太平紳士、銀紫荊星章、金紫荊星章、大紫荊勳章的時代巨擘之風采，感受他睿智而強大的精神能量。

舉止儒雅的香港著名企業家楊孫西，曾是一名「打工仔」，經過 50 多年的艱辛創業歷程，終把一家小型針織製衣廠，發展成為經營多種業務的跨國集團。從一家小製衣廠到國際品牌紡織王國，從鎮江商業城到北京多幢超高層大廈……

他所走過的每一個足跡，都印證了成功源於勤奮和智慧；他的成功之路伴隨著內地與香港的發展，是展現獅子山精神的成功典範。

從打工到創業之旅

1950 年，年僅 12 歲的楊孫西和母親移居香港，與父團聚，在香港接受中學和大專教育。

當他即將負笈海外時，卻因父親突然逝世，家庭經濟支柱頓失，唯有放棄留學機會，到一家針織製衣廠去打工。

楊孫西憶述，當時每天工作時間長達 10 至 16 個小時，更曾經連續兩天日以繼夜地工作，足足 48 小時未能合眼休息。由於他聰明、踏實、肯吃苦，因此很快便由一名普通員工被提拔為廠務主任，在這崗位他一幹就是 8 年。

在這 8 年中，楊孫西日間工作，晚間工餘時間就到香港工業學院進修，除了英語課程之外，還攻讀有關紡織服裝業的技術課程。在公司工作的第四個年頭，公司打算從歐洲引進一條自動化生產線，他獲派往歐洲深造學習，而這次機會則成了他人生的一個重大轉捩點。他在德國留學了近兩年，刻苦鑽研，滿載而歸，回國後順理成章地成為了工廠自動化生產部門的主要技術

人才。

上世紀 60 年代，香港製衣業開始興盛，產品不僅行銷本地，且遠銷國際。公司力圖發展，再次選派楊孫西往德國選購機器設備、進修紡織技術。自此，楊孫西被行家們推崇為既懂業務管理又懂生產技術的「文武全才」。有一次，德國專家提出一套企業改革方案，令楊孫西眼前一亮，但可惜因權力有限，無力改變廠方否決此方案的決定。大歎可惜之餘，楊孫西萌生了自立門戶的決定。

▲ 2007 年 10 月，楊孫西接受金紫荊星章後，與太太黃美玲和兒子楊華勇在禮賓府合影。

1969 年 4 月，楊孫西傾出自己所有的積蓄，與朋友合資開設了香港國際針織製衣廠，廠房雖然僅有 400 多平方米，但他終於結束了打工生涯，展開其創業之旅。

從一家中小型服裝廠做起，現在已成為香港發展最快的工商集團之一。楊孫西向筆者概括了他的三個「10 年計劃」：即企業的第一個 10 年，以款式流行，品質勝人一籌的羊毛衫為主打產品，為公司奠立根基及信譽；進入第二個 10 年，嘗試以針織和梭織布料配合做時裝，發展出品種繁多的時裝系列；踏入第三個 10 年，成立香江國際集團，擺脫承接訂單依樣生產的模式，自創品牌，走產、銷、工、貿一體化之路。

早在 1980 年初，楊孫西便邁出在國內投資的第一步，與廣州荔灣區

政府合辦首家針織時裝來料加工廠獲得成功。經此一役，楊孫西接二連三在
國內發展合資合作企業 20 多家，分布在廣東、福建、江蘇、浙江、江西、
山東、上海等地，員工人數逾萬人。

抓住機遇投資內地地產開發

上世紀 80 年代末 90 年代初，住房改革在國內推行，市場上出現了商品
房並允許自由買賣和流通，房地產市場化雛形漸現。

此時，楊孫西順應時勢把投資重點轉向房地產業和成片土地開發，首選
地便是自己的家鄉閩南故土，他與晉江同鄉會的幾位朋友開發 300 畝工業社
區和低密度住宅，從而為其房地產事業奠定了基礎。

1995 年，楊孫西及友人與江蘇鎮江當地公司合資興建鎮江商業城，楊
孫西擔任董事長，總投資額為數億元，是鎮江市最大的購物場所。僅開幕當
日，進場人次已高達幾萬，營業額近 200 萬元人民幣。商業城的開發與興建，

▲ 1994 年訪問北京，在天安門廣場留影。

相當及時地滿足了當地民眾的需求。

　　同階段，他還於廣東英德縣投資 1 億 2 千萬元擴建水泥廠，又以 6 千萬元收購另一間水泥廠的一半股份；且在上海與日本最大的時裝公司——東京時裝公司合作，設廠生產女裝。

　　1995 年，香江國際在北京的國際友誼花園落成。1997 年 6 月底，楊孫西又與北京市海淀區政府合作興建北京科技會展中心，這個投資額 20 億港元、佔地 3.5 公頃的項目，無疑成為了香港回歸最好的一份獻禮。全部工程在 2000 年完成。此外，香江國際集團屬下的公司，於 2015 年還與央企合作建成北京財富中心，建築面積近 80 萬平方米，是北京朝陽 CBD 最大的建設項目之一。

　　迄今為止，楊孫西的地產版圖橫跨各省，香江國際大廈裡的地產建築模型一座座巍然屹立，北京國際友誼花園、千禧大酒店、香江戴斯酒店、數碼大廈、北京財富中心、南新倉國際大廈、香江別墅、御金台、北京國際時尚中心、西安財富中心、青島膠州灣財富中心、重慶財富中心、重慶長壽湖開發區等等，令人目不暇接。

論「粵港澳大灣區」香港發展

　　「從衛星圖俯瞰地球，最璀璨奪目盡收眼底的就是美國的紐約大灣區、三藩市大灣區、東京大灣區和港澳兩地，燈光輝煌之處盡顯這些區域的經濟繁華之景」，楊孫西以靈動跳躍的思維從這一角度接下筆者的問題。他神往著，從視覺而言，港澳雖閃爍，但卻不夠遼闊，將粵港澳地區連成一片，浩瀚燈海似繁花綻放，那將是另一番無敵的視野震撼效果。

　　陶醉於中國的傳統文化、歷史、文學的楊孫西，講述了香港、澳門

的歷史。他認為，香港和澳門都曾有被租借、割讓的歷史，兩地分別被英國和葡萄牙政府統治了 155 年和 442 年，相同的歷史遭遇和臨近的地理位置，香港與澳門關係及交流一貫密切，澳門文化深受香港文化影響，兩地文化差異不大，港澳地區於上世紀 80 年代起至 90 年代在經濟方面的融合上已更趨顯著。

他說，「粵港澳大灣區」也就是以往大家常說的省港澳，歷史上省港澳三地人民聯繫一直很密切。

楊孫西認為香港與內地息息相關，內地經濟發展可帶動香港發展，香港只有 1,000 多平方公里土地，卻有 700 多萬人口，經濟結構不夠完整，是全球服務業主導程度最高的經濟體，服務業佔 GDP 的 90% 以上。香港若望經濟上有更遠大的發展，必須融入「粵港澳大灣區」的建設中，發揮自身經濟優勢，扮演好在服務行業的領導者角色。

他續指，要保持整個「粵港澳大灣區」城市群的經濟正常地持續發展，需要有第一、第二、第三等各產業的均衡分布，才能形成完整的經濟體。而第一、第二產業的發展，則須依靠大灣區各個城市間的相互配合。深圳與香港，一水之隔，是香港最值得聯合的經濟合作對象，以香港在服務業的優勢加之深圳的工業、高科技行業以及遼闊土地資源的優勢，得以形成強大的經濟共同體，更建立了平衡的夥伴關係，這樣方有條件與以上海和北京為主的長三角、京津冀以及「紐約大灣區」、「三藩市大灣區」、「東京大灣區」等去作比較。

他指出，香港並無條件自行發展成完善的獨立綜合型經濟體。「一國兩制」是香港在政治上的優勢，港人要想通想透，確定好自己的角色，如何有效配合整個國家的經濟發展，中國好則香港好，這樣香港將可擁有更好未來的社會經濟發展機會。

「一帶一路」香港機遇

楊孫西表示，中國是新世紀中新興經濟體崛起的典範，是全球經濟增長最快的經濟體。中國在上世紀 80 至 90 年代保持了經濟高增長率，這幾十年間中國完成了歷史上最迅速、最深刻的經濟轉型。

新興經濟體的整體興起將顯著地改變世界的力量對比，衝擊以發達國家為主導的世界經濟格局，歷史上形成的世界中心周邊結構將逐漸走向重構。泱泱大國裡有些省份的體量相等於一個國家的體量，13 億多人口的中國具有極大的獨立經濟市場，但作為一個不斷尋求發展的民族，不可關起國門，只顧內需，而應同世界融合，共同發展經濟、貿易。

▲楊孫西（左一）參加慶祝香港回歸祖國 16 周年「中國夢」大型展覽。

他指出，特別在 2001 年中國加入世界貿易組織（WTO）之後，中國經濟表現卓越，每年 GDP 增長百分點保持在兩位數，穩居所有經濟大國之首，且遠遠超出了經濟合作與發展組織成員國家的平均增長率。中國至此更明智地意識到，若在經濟上與其他國家加強合作、發展貿易，這將令中國的經濟發展更見快捷。中國的出口和製造業總產值已高據世界榜首，產品可供應全球市場。幾十年的經濟發展，證明了中國與世界其他國家積極互通有無，如唐宋時期繁榮的絲綢之路般，國家的經濟將得到更強勁的發展。

香港只要積極利用其於服務業方面的優勢，在「一帶一路」、粵港澳建設中幫助整個珠三角在金融、貨運、空運等方面的發展，便能為建設「粵港澳大灣區」起到特別作用。再者，香港有 10 幾間優質的大專院校，作為區域經濟中心，香港師資擁有的高薪酬，對於世界最好的師資人才甚具吸引力，那就可培養出更多精英輸送往大灣區及「一帶一路」沿線。他建議，開放香港的大學教育予內地及「一帶一路」沿線國家，這於加強各國在人才、文化等教育及交流上有極大意義。

他鼓勵香港年輕人要有發展的胸襟，積極走向內地、走向世界。《內地與香港關於建立更緊密經貿關係的安排》（CEPA）對香港開放，已為香港帶來諸多經濟發展機遇，年輕人應在此基礎上尋求更廣泛的發展機會。

港事顧問服務香港

1992 年香港協進聯盟簡稱「港進聯」成立，楊孫西蟬聯港進聯連續 10 年監委會主席之職。

楊孫西講述，上世紀 80 年代初，香港製造業把握著內地改革開放的機遇，將生產線遷移到生產成本較低的珠三角地區，同時將資金、管理人才和生產技術引進內地，香港協進聯盟的主要骨幹均為最早進入廣東地區投資、工作的人員。當時，港英政府並不鼓勵港人進入內地發展事業，而廣東各地方政府積極支持港人在內地投資興業，為他們在內地的事業發展提供諸多方便。內地工資遠低於香港、土地政策靈活、價格低廉，給香港提供了很好的基地。當時的「前店後廠、三來一補」合作模式也被看作是那個時代最先進的生產力，它猶如一架嶄新的引擎助推著香港逐漸成為了金融中心、航運中心，也使得珠三角由百廢待興轉為提早富裕。在港商的心裡，珠三角、廣東的確是他們興業的福地，為當時香港工業產業發展提供了廣闊的市場和廉價

的資源。

楊孫西說，在這樣優厚的興業環境中，事業如魚得水，工廠工人由最初的幾百人發展到幾千、幾萬人。與當地政府良好的合作關係，令這批早期進入珠三角、內地發展的港人，對中國政府極認同、有信心，視香港回歸為香港盛事、福運。

1992 年，楊孫西出錢出力，聯合一批對香港回歸充滿憧憬的，以香港工業、製造業為主的工商界及中青年新進專業人士共同組成政黨「港進聯」。他將自家公司業務交予接班人，全副精力、時間用於港進聯迎回歸的籌備工作中。

為尋求港進聯的更大發展空間，楊孫西極力主張以中小企和新進專業人士為代表的中產階層人士組成的港進聯，與「民主建港聯盟」形成跨階層合作，在共同理念下進行優勢互補。2005 年，港進聯終與民主建港聯盟合併，更名為「民主建港協進聯盟」，簡稱「民建聯」，合併後雙方由最初的分別只有幾百位會員和千多位會員發展至如今擁有 3 萬 5 千名會員，成為香港第一大建制派政黨。

▲ 2003 年，楊孫西參加支持 23 條立法集會。

楊孫西連續擔任民建聯監委會主席 10 年，在整合港進聯與民建聯過程，居功至偉，突顯了其對社會、政治環境的敏銳、智慧，令社會新生力量有了參政、議政更廣闊的平台，徹底改變了香港政治生態環境。

民建聯致力代表跨階層人士，建設發展香港社會、民生，其理念與中央政府不謀而合，有效地將香港社會各階層的聲音直接傳達予中央政府，起到促進香港與內地間良好溝通的作用。

民建聯是「一國兩制」在香港成功實踐的最有力的支持者。過往 20 多年，楊孫西為民建聯的發展和為香港回歸所作出的傑出貢獻，彰顯了其全心為港服務之赤子之心。

楊孫西早在 1994 年已獲國務院港澳辦及新華社香港分社委任為港事顧問，翌年再獲委任為香港特別行政區籌備委員會委員。身為籌委會委員的這段日子中，最令他感受深刻的工作，當屬見證及參與拍板興建赤鱲角機場第二條跑道的決定。根據原來計劃，赤鱲角機場原定於回歸前完工，負責統籌機場發展的人員卻突然提出興建第二條跑道的建議，並指若能立即拍板，只需額外增加 50 億元的工程費用，即可在赤鱲角機場交付使用時，同步啟用兩條跑道，考慮到增加一條跑道所帶來的的效益，籌委會出乎港英政府意料，迅速通過有關建議，最終於 1998 年建成赤鱲角機場。

楊孫西為港為民的赤誠及智慧由此可見一斑。

老驥伏櫪志在千里

對於未來 20 年，楊孫西坦言，1984 年中國與央國簽訂的《中央聯合聲明》，列出了中央對香港的基本方針，在「一國兩制」的原則下，中國政府會確保其社會主義制度不會在香港特別行政區實行，而香港本身的資本主義制度和生活方式則將維持「五十年不變」，這些基本政策，後來都由香港特

▲ 2007年9月11日，楊孫西邀請時任發展局局長的林鄭月娥到觀塘區，就觀塘舊工業區轉型為商貿區事宜進行研討。

別行政區基本法加以規定。

他說，香港過往 20 年的經驗，是香港回歸後的第一階段，如何總結第一階段的經驗，保持在高度發展的經濟狀態下維持經濟的穩定增長非常重要。香港作為一個地區性發展經濟體難以與國家作比較，其特別優勢已不復當年。由於現今國內海歸人士眾多，香港工商及專業界在內地的發展處境已今非昔比，因此香港人更應與國家同心協力，與其他國家共同尋求發展。

楊孫西指出，香港不應一味地反對填海，一面倒地反對勞工入口，應向新加坡學習，採取開放心態，廣納百川。

他強調，香港部分激進分子以及香港發生的一些比如「佔中」之類的運動，是香港發展歷史進程中必然遭遇的一些問題，等於人會發燒、傷風一般，兩地政府及人民要坦然以對、多加溝通，勿因此激化矛盾，這於香港社會整體發展沒好處。

他呼籲，各政黨及功能組別切勿將議會變成戰場，應形成有序而和諧的議事風格，各黨派人士均衡參與議會，為香港整體利益發聲，盡量爭取民主、

理性解決香港問題，步伐一致。

他相信，新一屆政府在汲取過往 20 年的經驗後，應該會更加有信心、能力。特區政府和中央政府都在積極通過各種渠道聽取意見，而且設計出很多方案以冀令香港未來的發展更趨完善。香港應持續與內地精誠合作，國家好，香港會更好。

在工商管理方面，楊孫西最注重商品質素；而在祖國的百年大計中，他亦認為人才的品格至關重要。「高情如雲 虛懷涵月」，是鄉彥施子清書贈楊孫西的墨寶，真是形容得恰如其分。

最後，楊孫西表示與太太環遊世界千萬里，始終仍是覺得香港好，「香港是我家！」為港為家，楊孫西任重道遠，壯心不已。他說在未來日子裡將會繼續做好香港與內地的協調人；積極參與改善觀塘區交通及九龍東「環保連接系統」的規劃及實施，為香港經濟建設出謀獻策；在做好當屆社會工作的同時，亦積極物色接班人，他將繼續扶持幫助有時代視野的年輕人，為港為國作更多貢獻。

楊孫西 高情如雲 虛懷涵月

蔡冠深
三度掌中總 滿懷家國情

" 香港只是一個城市，
回歸到祖國大家庭，
有了強大後盾，發展肯定會更好。 "

　　蔡冠深，香港太平紳士、金紫荊星章獲得者。全國政協教科文衞體委員會副主任、香港中華總商會會長、亞太經合組織商貿諮詢理事會中國香港代表、中國僑商聯合會常務副會長、中華海外聯誼會常務理事、香港新華集團董事局主席。2016 年蔡冠深第三度獲推舉成為香港中華總商會會長，為香港中總近 30 年來除霍英東和曾憲梓外，唯一出任過三屆會長者。 文：許煜

與蔡冠深交流是一件愉快的事情。他快人快語、侃侃而談，臉上總是陽光燦爛的微笑，眼睛裡閃爍著香港商界精英與生俱來的睿智光芒，自信並洋溢著對未來的美好憧憬。蔡冠深口才了得、記憶力驚人，在坊間是出了名的。雖之前多次在全國兩會的「圍追堵截」式採訪中領教過，但都未及此次專訪印象深刻。

採訪前，筆者準備了 6 個問題並打印在紙上，給了他一份。他溜了一眼，還沒等筆者提問，便一口氣講了一個多小時，從他的家族企業發展史到目前新華集團的全球布局，從香港回歸後的巨大變化到對未來 20 年的樂觀展望……完全脫稿，內容幾乎涵蓋了筆者的採訪提綱，並且思路清晰、環環相扣，有些情節和數據甚至引人入勝。不得不承認，眼前這位香港中總近 30 年來除霍英東和曾憲梓之外，唯一出任過三屆會長的現任掌舵人，的確有過人之處。

虎父無犬子 受父栽培傳承大業

蔡冠深是香港著名「海產大王」蔡繼有次子。其父甚少在商界曝光，但發跡故事頗傳奇。出生於廣東中山市的蔡繼有，由於兄弟姐妹眾多，只讀了兩年私塾便輟學養家，每天騎單車十餘小時，從中山往返珠海拱北賣海產，非常辛苦，但還是堅持捱了多年。解放後不久，21 歲的蔡繼有拿到了中港澳行商證。可惜好景不長，生意剛剛起步的蔡繼有被誣瞞稅，致中港澳行商證被政府沒收。

1954 年蔡繼有終獲機會舉家遷往澳門發展，便開始每日於澳門收購海鮮運到香港代售。數年後，蔡繼有在香港西環自立華記欄，放手做起了海產批發，自此生意開始暢順。但眼光獨到的蔡繼有並未滿足於現狀，數年後又開設海產加工廠，除向本地洋行供貨外，亦逐漸開始構築外銷渠道，奠定了新華海產業務的堅實基業。

晚年蔡繼有淡出商界，著意慈善，尤愛捐資助學。全港首間非牟利私

▲ 2011 年，時任國家副主席的習近平在北京會見蔡冠深率領的香港中華總商會訪京團。

校——保良局蔡繼有學校，便由他捐資開辦。更成立了「保良局蔡繼有學校
教育發展基金」及「蔡繼有獎助學金」。老家中山的華僑中學，他不但帶頭
捐資，更全球奔走，聯絡散居各個國家和地區的中山鄉親共同出資出力，終
於成功復辦，並成為全省優質重點中學，廣獲社會讚譽。

父輩的勤勞拚搏和家國情懷對蔡冠深影響甚深，年輕時便表現出驚人商業
天賦。18 歲在日本留學短短一年，便被其父召回香港，每日早上 4 時半起床
到海產批發市場收購海產，9 時開始和外商聯繫購銷貨品，下午再匆匆趕回加
工廠處理急凍海產……日日如是，但蔡冠深毫無怨言，自認傳承父親好品德，
「做得捱得不怕苦」，還能學到很多其他地方學不到的東西。20 歲時蔡冠深
獲父親委以重任到澳門投地，更是成功於一眾富豪財團中脫穎而出，備受業
界稱奇。

在父親悉心栽培下，25 歲的蔡冠深於 1982 年全面接手新華集團。其時

正值中英就香港問題開始談判，未來的不確定性讓部分香港人產生悲觀情緒，大量資金流走，甚至出現了移民潮。但蔡冠深當時便有不同看法，他 1975 年就隨父親回過內地，看到過家鄉曾經的落後，也見證了內地改革開放後帶來的巨大變化。這些親身經歷讓他感受到了香港未來的希望：「香港只是一個城市，回歸到祖國大家庭，有了強大後盾，發展肯定會更好。」這種信念堅定了他對香港和國家的信心，最終選擇留在了香港。還在屯門投地，建成 20 萬呎海產總部。

營商數十年　見證「一國兩制」　雙優勢

　　事實證明蔡冠深的選擇是正確的。作為教育良好的中生代華商，蔡冠深既有與父輩一樣的打拼精神，又有放眼全球運籌帷幄的現代謀略。他接管新華集團後，將海產業務從船隊捕撈、養殖加工、冷凍運輸，迅速發展到內外貿易、批發零售、超級市場，甚至餐飲業。目前僅本港就有超過 5,000 間餐廳和酒店的海產品，直接由新華集團提供。可以說，在香港幾乎人人都吃過新華集團供給的海產品。其他海產業務更是遍布世界各地，從內地的丹東沿大陸海岸線，經台灣海峽到香港、澳門，從河內、新加坡直至溫哥華、紐約、洛杉磯等地，都有分支機構，集團每年僅海產營業額就達數十億

▲ 2014 年，時任香港特區行政長官梁振英向蔡冠深博士頒授金紫荊星章。

港元。

　　更青出於藍而勝於藍的是，蔡冠深接手企業數十年來，帶領員工將新華發展成為一家旗下擁有 5 家上市機構的大型跨國集團。特別是香港回歸後，蔡冠深藉與內地聯繫更加緊密的優勢，逐步擴展營商範疇，業務橫跨海產食品、地產建築、金融財務、高新科技、傳媒文化、教育培訓及基礎建設等領域，投資網絡更是遍及中國內地、日本、澳門、越南、緬甸、柬埔寨、新加坡、加拿大、歐洲、美國及澳洲等國家和地區。

　　此外，新華集團基金會還數十年如一日支持科教文化公益事業，在香港及內地 10 多所大學捐建教育基金，比如中科院院士榮譽基金會、中國科協新華青年科技獎勵基金等。另還捐資興辦非牟利大專院校，包括廣東新華教育學院、遼寧大學新華國際商學院、澳門大學蔡繼有書院等。蔡冠深還同時兼任多所海內外大學的校董會或顧問委員會成員，包括復旦大學、南京大學、香港中文大學聯合書院、香港科技大學、香港理工大學及澳門大學等。

　　2010 年，蔡冠深進入福布斯香港富豪榜，列第三十五位。2014 年，獲香

▲法國總統奧朗德於 2016 年，在愛麗舍宮總統府會晤了新華集團主席蔡冠深博士。

港特區政府授予金紫荊星章。2017 年 1 月 5 日，蔡冠深在新華集團成立 60 周年大慶上表示：「新華集團將始終堅持『立足香港，背靠祖國，面向世界』宗旨，追隨國家發展步伐，參與國家及周邊地區，尤其是『一帶一路』沿線國家和地區的經濟建設，增進各地區的文化教育交流和民間往來。」家國情懷令人動容。

回歸之後，面對香港反對派不斷攻擊「一國兩制」政策，蔡冠深直言「很搞笑」。在他看來，正是「一國兩制」政策令香港擁有了得天獨厚的雙重優勢，「一方面，我們是全球最自由的經濟體，世界金融中心地位與紐約倫敦齊名；另一方面，我們是中國香港，與北京上海一樣，背靠祖國和內地龐大市場。」為促進香港經濟社會發展，國家不斷予以香港政策支持。從 1997 年共同擊退金融大鱷到 2003 年全面抗擊「沙士」（SARS），從《內地與香港關於建立更緊密經貿關係的安排》（CEPA）到開放「自由行」，從相繼開通「滬港通」、「深港通」到批准香港成為亞投行成員，從「一帶一路」倡議到「粵港澳大灣區」建設……「只要對香港發展有利，國家都會全力支持。」

蔡冠深說自己企業的發展歷程就是很好的例證，「實際上內地才是大市場，人口眾多需求量大，做什麼都能發達。我們現在就是這樣，生意怎麼做都做不完，有時候忙得連吃飯睡覺的時間都沒有。」他說那些整天躲在香港說「反對」的人，應該早點到內地走走，看看天有多大地有多廣，才能真正心服口服。

三度掌「中總」 勇當「一帶一路」「超級聯繫人」

2016 年，蔡冠深第三度獲推舉成為香港中華總商會（中總）會長。執掌香港歷史最長及最具規模的商會，再次擔任會長的蔡冠深深刻感到責任的變化。他全力推動和革新會務，充分發揮商貿平台作用，團結並帶領商界力量，立足香港、融合內地、聯通世界。並著力為中華總商會引入新生代，力促商

會成員年輕化、專業化、多元化、國際化，凝聚更多愛國愛港力量，共建繁榮穩定和諧香港。

他告訴筆者，以前中總的任務是加強香港與內地融合，幫助內地企業與香港及世界接軌。現在中總最主要的任務是協助內地和香港企業合作走向世界，與國家一起沿著「一帶一路」走出去。他笑稱：「中總的定位已不僅是『香港的中總』，更應該是『中國的香港中總』，才能更自覺、更主動為國家『一帶一路』建設當好世界『超級聯繫人』。」

蔡冠深現在每天的工作時間，超過一半都花在數十個公職上，其中不少與區域經濟交流和國際合作有關，包括亞太區經濟合作組織商貿諮詢理事會的香港代表，以及越南、韓國、日本、印度等多個商會會長。

作為半個世紀前就與「一帶一路」沿線國家做生意的港商，蔡冠深對沿線國家特別是東南亞的風土人情、社會發展和經濟狀況都非常熟悉。多年來，他充分利用自己在各國政商界的網絡和影響力，積極開展民間外交和商會外交，帶領中總，團結華商，大力推動香港商界與亞太地區多個國家的經濟、文化合作與交流，為國家和香港特區做了大量開創性的工作。香港特別行政區行政長官林鄭月娥還是政務司司長時，到馬來西亞、新加坡以及越南的訪問就是由中總及蔡冠深安排；越共總書記阮富仲、總理阮春福、國家主席陳大光訪港、訪京，亦都會找蔡冠深介紹中國企業高層會面，特別是央企和國企。

對於國家「一帶一路」倡議的開展和推進，蔡冠深有著自己非常獨特的見解。他認為，要抓住「一帶一路」商機，首先要了解「一帶一路」沿線各國的歷史文化及風土人情，才能融入當地深耕細作，落地生根。其次在經貿上本著共同發展、共創繁榮原則，積極參與，不嗇投入，協助沿線國家與中國民心溝通，互信互利，進而與中國共襄盛舉，共謀發展。

「以新華集團為例，在越投資發展始於上世紀 70 年代，目前業務已從海

產擴展到房地產、金融服務、咖啡生產及加工等多個領域，受到中國和越南方面的高度重視。前年還與周大福集團合資興建度假村，佔地 1,000 公頃，涉資達 40 億美元，為近年來越南最大外來投資。有了以上這些基礎，我們才可以協助國家與『一帶一路』沿線國家越南做更好對接。當然，也同時發展了集團自身的業務。」

在與內地企業一起走出去的過程中，蔡冠深頗有感受。他指出，內地和香港企業各有所長：內地有很多香港難以發展的硬件和產業，比如能源、重型工業、新型製造業等；而香港則可以提供金融、法律、稅務及其他方面的軟實力專業服務。另一方面，中國內地歷年來的外來投資，有一半以上來自香港。而走出去的資金，也有一半以上經香港。「香港與內地無疑是綁在一起走出去的『軟硬兼備、強強聯合』最佳拍檔。」

他還建議中國企業應多與那些在「一帶一路」沿線地區已有巨大影響力的華僑商業王國合作，比如泰國的正大集團、馬來西亞的嘉里集團等，利用他們在當地的網絡和實力，可以達到事半功倍的效果。他並指出：「香港與東盟十國及其他海外老華僑有著千絲萬縷的關係，各種合作已有大約 50 年歷史，早已形成『你中有我，我中有你』格局。在這樣的歷史背景下，香港無疑就是國家『一帶一路』建設的『超級聯繫人』。在協助內地企業走出去的同時，也加強和鞏固了自身與東盟地區的聯繫。這種多贏的事情，不管是內地、香港，還是沿線國家和地區，大家都願意做。這就是『一帶一路』倡議的意義所在。」

呼籲香港青年　牢牢把握大灣區商機

對於「粵港澳大灣區」的定位，蔡冠深稱其為與中國最重要的區域經濟發展抓手之一——「一帶一路」互為補充、相得益彰的另一個重大區域發展戰略。他認為，「粵港澳大灣區」建設將成為中國從世界第二大經濟體向第一

▲ 2016 年，蔡冠深與時任政務司司長林鄭月娥共同主持香港——東盟區域合作論壇。

大經濟體跨越的重要跳板。「根據預測，到 2025 年，『粵港澳大灣區』經濟總量將達到 2.5 萬億美元，成為全球最大灣區經濟體；20 年後，『粵港澳大灣區』GDP 總量有望突破 5 萬億美元，超過東盟 10 國的 GDP 總量。那時候，『粵港澳大灣區』將是名副其實的全球首席大灣區及『一帶一路』中心樞紐，中國乃至世界經濟的火車頭。」

他指出，「粵港澳大灣區」規劃應奉行更加開放的發展理念，突出創新主導，進一步融入全球經濟，在中國對外競爭和合作中發揮「超級航母」作用。他引用數據表示，不僅香港是全球最自由、功能最多的自由港，廣東的外向型經濟特點也極為突出，進出口總額佔全國 26%，實際利用外資佔全國 21%。就劃定的大灣區 11 個城市群整體而言，去年出口佔 GDP 比重高達 75%，是全國平均水準的 3.8 倍。僅 2015 年，大灣區的外來直接投資高達 2,030 億美元，比長三角和京津冀兩個超級城市群吸收的外商直接投資總和，還要多出

一倍。「此外，『粵港澳大灣區』還有着可與世界一流灣區並駕齊驅的經濟規模，擁有全球最大的世界級海空港群，機場旅客輸送量已超過世界其他三大灣區。」

他再次強調，世界上獨一無二的「一國兩制」方針政策，就是「粵港澳大灣區」未來發展最大的優勢所在。談及香港的大灣區的定位，他樂觀地給出了5點預估：世界級國際金融中心，世界級航運、物流、轉口中心，世界級商貿中心，國際仲裁中心，創新科研及人才培訓中心。對於香港如何參與大灣區建設，蔡冠深更是一語道破：領跑大灣區，做共同的運營者和投資者。

蔡冠深說，香港的優勢在於健全的法律制度、成熟的資本市場、完善的基礎建設和匯聚的跨國人才，是全球最自由的經濟體之一。多年形成的商業模式和商業文化，讓香港在2013年習近平主席提出「一帶一路」倡議時，即已具備並發揮出全面服務「一帶一路」的多項功能。構建「粵港澳大灣區」決策的確立，更讓香港多了一個千載難逢的發展機遇。「香港應憑藉以上優勢，除了當好『超級聯繫人』外，還要做共同的運營者和投資者。香港有能力、有資金去做好這個角色，更有事半功倍的資本和人才優勢。」

他同時指出，雖然香港當前在金融、經貿與航運領域有著諸多優勢，可擔當大灣區建設領跑者，但香港未來的發展之路還是應由「青年」和「創新」來驅動。「香港的年輕人有著無限創意，他們代表著香港的未來。」

蔡冠深說，老一輩港人受益於國家改革開放，過上了富足的生活。但香港目前面臨經濟停滯不前等壓力，因此對港青一代而言，參與到「一帶一路」和大灣區建設中，將是他們向上流動、實現夢想的重要機會。隨著港珠澳大橋的落成以及高鐵香港段的啟用，香港與珠三角將形成一小時生活圈，與內地聯繫亦將更加緊密快捷。他呼籲香港年輕人拓寬視野，了解國家，發揮獅子山精神，牢牢抓住「一帶一路」和「粵港澳大灣區」千載難逢的發展機會，投身國家發展大潮，為香港發展和自身發展注入新動力。

劉皇發、劉業強
基本法第四十條背後的故事

劉皇發曾任香港新界鄉議局主席 35 年，因此被坊間稱為「新界王」，是香港第一個獲得大紫荊勳章的新界原居民。劉皇發於 1960 年任龍鼓灘村村代表，成為當時最年輕的村代表。1980 年始任新界鄉議局主席。1985 年獲委任為基本法起草委員會委員。曾任第八、第九、第十屆全國政協委員，1996 年任臨時立法會議員，後擔任香港立法會議員直至 2016 年。2009 年獲委任為行政會議成員。

劉皇發長子劉業強 1966 年生於香港，畢業於倫敦政治經濟學院經濟系，1997 年至 2011 年擔任屯門區議會議員。2013 年，任第十二屆全國政協委員。2015 年當選新界鄉議局主席。2016 年任香港立法會議員。2017 年獲委任為行政會議成員。

文：左婭

> 回首香港回歸 20 年來，
>
> 多少昔日的年輕人，已經接過父輩的「接力棒」，
>
> 成為建設香港、建設祖國的中堅力量；
>
> 而香港的未來，也有賴於年輕一代勇挑重擔、
>
> 奮發圖強，令獅子山精神代代相傳、永放光芒。

2017 年 7 月 23 日，香港，前一天還艷陽高照，一早忽然狂風大作，天文台掛上八號風球，颱風洛克匆匆在新界東北登陸，又匆匆離去。颱風過後，一個令人悲痛的消息傳開：劉皇發走了。

多少人悲痛。多少人悵惘。

他的長子劉業強出面，向傳媒確認噩耗。他說父親於家中安詳離世，臨終前家人一直隨侍在側，並多謝各界的慰問與關心。

2015 年，劉業強當選新界鄉議局主席。2016 年，他成為新一屆立法會議員。2017 年又進入行政會議，成了「三料議員」。劉業強子承父業、「接棒」貢獻香港，對劉皇發的在天之靈，應是一份告慰。

農家走出來的「新界王」

1936 年 10 月 15 日，劉皇發出生於新界屯門龍鼓灘村一戶普通的原居民家庭。龍鼓灘村地處偏僻，劉皇發剛出生時，村裡還沒有公路可以通往市區，醫療及衛生環境差，嬰兒一旦生病，需要翻山越嶺走 3 個多小時、再乘搭舢舨才能到達最鄰近的青山找醫生看診。

基礎設施保障不足，鄉村婦女唯有寄望於神明庇佑，村裡因此有將小孩過契給神祇的習俗。據說，劉皇發就是被過契給了玉皇大帝，因而名字當中才有個「皇」字。

▲劉皇發（右二）於 1980 年出任新界鄉議局主席。圖為前港督麥理浩與劉皇發等人會面。

（圖片來源：大公網）

　　劉皇發的父親是普通農民，一家人靠耕種養活自己。劉皇發的母親卻不是普通村婦，她曾經是廣東官宦家庭的大小姐，知書達禮。劉皇發 5 歲時便可以上學讀書，家裡一直供他讀到初中畢業，這在當時新界貧農家庭中是很少見的，這也被認為是母親的堅持。不用下田的時候，母親也會給劉皇發和他的姊妹講三國故事，教他們為人處世的道理。

　　初中畢業後，劉皇發幫父母耕過田，之後做過工人，也做過小生意。24 歲那年，劉皇發遇見伯樂，始任龍鼓灘村村代表，成為當時新界最年輕的村代表。

　　做村代表期間，劉皇發表現出很強的協調原居民與政府關係的能力，並因此獲得了鄉親的認可。1970 年，劉皇發出任屯門鄉事會主席。1980 年，劉皇發當選新界鄉議局主席，一當就是 35 年，成為迄今連任時間最長的主席。

第一個站出來支持香港回歸

1984 年《中英聯合聲明》出爐之際，身為新界鄉議局主席的劉皇發曾專程率隊訪問北京，並與時任國務院僑務辦公室主任就新界居民關切的問題進行了頗有成效的溝通。回港後，劉皇發就帶領鄉議局第一個站出來支持香港回歸祖國——他帶領新界鄉議局給港英政府寫了一封信，講明支持香港和平回歸。這對香港順利回歸意義重大。

新界與九龍、香港島不同，是租給英國的，到 1997 年租期已滿。而新界鄉議局前身是新界原居民自發組建的機構，在新界頗具群眾基礎及影響力。1926 年，港英政府擬規定建屋要補繳地價，作為應對，荃灣、粉嶺、元朗的三位鄉紳發起成立了新界農工商業研究總會，提出反對這一政策。很快，新界各區紛紛響應，最終使港英政府終止推行建屋補價政策。同年，新界農工商業研究總會被更名為新界鄉議局，並曾一度被賦予辦理普通民事案件的權利。1959 年，新界鄉議局成為香港法定機構。

當時港英政府正在拉攏新界居民，並因此有「三腳凳」的講法。在「民意戰」激烈進行的當時，新界居民回歸祖國的訴求顯得尤其有份量。劉皇發獲得了「識大體、顧大局」的讚譽，而他的「識大體、顧大局」，也為新界鄉親爭取到了一個和平安穩的生活環境和發展環境。

力促第四十條寫入香港基本法

劉皇發不僅在新界原居民中有很高的威望。可以説，在整個香港，大概沒什麼人不知道劉皇發。劉皇發過世，香港特區行政長官林鄭月娥當天即發聲明哀悼：「發叔，我們永遠懷念您！」

追憶劉皇發，人們首先想到的，往往是香港基本法第四十條。

1984 年《中英聯合聲明》簽訂後，中央政府開始籌備編訂作為香港

憲制性法律的基本法。1985 年 7 月，香港基本法起草委員會正式成立，59 名委員分別來自內地和香港，都是在各個界別具有代表性的人物。劉皇發是其中唯一一名新界委員。

新界原居民的生活傳統和習慣有別於香港市區，也保有一些與港島九龍居民不同的權利。對新界原居民來講，「馬照跑、舞照跳、生活方式不變」的意義，也因此和市區居民有所不同。為了維護新界原居民的合法傳統權益，劉皇發殫精竭慮、四處奔走。

劉業強回憶：「家父曾攜帶 6 本當時的香港法律，向草委們詳細介紹新界原居民各種合法傳統權益。不僅要和內地草委溝通，香港的其他草委對新界原居民的權益也有不熟悉、不理解的，家父也要和他們溝通，讓所有草委都了解新界原居民的傳統及習俗，理解新界原居民關切的問題。」

新界原居民的合法傳統權益大致有 8 個方面，被稱為「劉八條」。其中居民最關切、也是爭議最多的，莫過於丁權。

新界原居民傳統上就是在村落內或鄰近的農地荒地上建屋居住。英國租借新界以後，這一傳統得以延續，只是以港英政府批「建屋牌」或者換地重批的方式進行。至 1972 年，港英政府實施「小型屋宇政策」，規定年滿 18 歲且父系源自 1898 年新界認可鄉村居民的男性，每人一生可申請一次於認可範圍內建造一座最高 3 層（上限 27 呎高），每層面積不超過 700 平方呎的丁屋，毋須向政府補地價。

在起草香港基本法時，草委們對新界原居民傳統合法權益曾有過數次辯論。有觀點認為，隨著時間推移、社會之變遷，新界原居民權益變得模糊，故不應該用法律加以劃分。也有人雖認為新界原居民權益是一種特權，繼續保留是對其他人不公平，也不符合男女平等的價值觀，但亦表示這項權益是百年傳統，

現在予以取消會引起新界原居民不滿和反對，也不公平。

　　為了更透徹了解新界原居民的情況，起草委員會還特別組織了一個調研團隊到新界圍村，實地聽取村民的憂慮和期盼。最終，草委會同意將「『新界』原居民的合法傳統權益受香港特別行政區的保護」寫進基本法，也就有了現在的基本法第四十條。

　　「這項條文確保了新界原居民原有的生活方式不變，也反映出草委們是尊重歷史、實事求是的，真正印證了中央以及起草委員會在制訂基本法的過程中，尊重了港人的意願。同時，這一條款亦有效消除了新界原居民的擔心與疑惑，更堅定了新界原居民對祖國的感情和對中央的向心力。」劉業強說：「基本法緊貼香港社會實際情況，照顧了各方面不同的關切，令全社會各階層、各族群的利益都得到了重視。」

通過論情說理尋找雙贏方案

　　劉皇發過世，除了特首，很多政界名流和政府官員都有悼念，最常聽到的一句緬懷是：「經常就新界事務徵求他的意見。」可見，劉皇發的確是新界與政府溝通的橋樑。

　　這個橋樑可不好當。

　　香港可利用的土地多數都在新界，政府要發展香港、發展新界，免不了要破土動工，也就難免要一部分新界村民作出犧牲。有些村民有過走一天才能走出大山的經歷，是渴望通過發展新界過上好生活的，然而也有些村民寧可守著祖屋過清貧而悠閒的生活。

　　協調其中矛盾、尋求雙贏方案，沒有人不服劉皇發。特區行政長官林鄭月娥曾稱讚劉皇發「經常為香港出謀劃策，並身體力行，協助政府處理在新界發

▲ 2016 年，劉業強訪京，與國務院港澳事務辦公室主任王光亞會面。

展中面對的問題，平息爭議，尋求雙贏方案」。

　　劉皇發的秘訣很簡單，就是「論情說理」。劉皇發曾講過：「新界重視傳統，人情味濃，遇有爭拗，都是以情理先行，若然未能解決，最後才會訴諸法律。法律當然很重要，但畢竟是硬生生的，會遺下不良後果，反而若能從情理解決，就不會有後患，雙方很有機會和好如初。但從法律解決，有贏有輸，就很容易反面，留下後患。倫理、鄉間的正義，始終都是論情論理最好，大家飲杯茶，碰碰酒杯，就有機會談出大家都能接受的方案。我個人處事也是如此，能和則和，很少採取法律行動。」

　　例如，2009 年，特區政府為改善新界交通、提高新界乃至香港的資本吸引力，計劃收回石崗菜園村以興建高鐵。這一度遭到村民的強烈抵制，甚至打出「不遷不拆、誓死護村」的口號。

　　如果完全不拆不遷，新界沒法發展、香港沒法發展，最後吃虧的還是村民。但若強硬拆遷，村民不理解，發展的意義就要打折扣。

時代巨擘——他們眼中的香港二十年

最後還是劉皇發出馬，想出了協助村民覓地遷村的辦法。這就在支持香港發展的同時盡最大可能保護了村民的利益，維護了新界的習俗及傳統。自身也是菜園村村民的菜園村關注主席高春香由衷讚歎：「我都感受到發叔想鄉議局能顧及原居民同非原居民的利益，以及保留鄉下人的濃厚人情味。」這樣一來，村民也就不再強硬反對拆遷，發展得以順利推進。

長子劉業強而立之年步入政界

1966 年，劉皇發「三十而立」這一年，他的長子劉業強出生了。

「我的成長，都是跟著時代一起轉變的。」劉業強說，他出生時，正趕上新界發展新市鎮，他的家也從鄉村搬去了屯門青山舊墟。

也許有人會以為，「新界王」的長子，含著金鑰匙出生，定是養尊處優。可實際上，劉業強小時候家裡並不富裕。5 歲多時，讀小學的劉業強還是和姑姐、姐姐同住一棟舊式唐樓，三個人擠在樓梯底下的一張睡床上。「當時家裡窮得連牙膏也沒有，只可以清水刷牙。」劉業強說。

不過，那時的劉業強已經感覺到了發展給新界人生活帶來的變化。「我的同學中，已經有不少市區來的孩子，他們是由於父母工作的部門或企業遷至屯門而搬來的。我這一代新界原居民，可說已經是跟著市區居民一起長大的了。」

中五畢業後，劉業強和當時很多香港孩子一樣，選擇去英國讀預科，之後考上英國名校倫敦政治經濟學院的經濟系。

1990 年，劉業強學成歸來，回到香港，致力於服務鄉鄰。1996 年，劉業強開始在慈善機構工作，包括仁愛堂等，主要負責籌款，以及服務孤獨老人和青少年。

1997 年，劉業強 31 歲，差不多也是而立之年。

這一年，香港回歸祖國。他的父親作為香港特區第一屆立法機關議員，在

全球矚目的回歸慶典上莊嚴宣誓。

這一年，劉業強結婚了。所謂成家立業。在事業上，劉業強也迎來新挑戰——他開始參與屯門區議會工作。

少年時期，劉業強常隨父親一起同叔叔伯伯喝茶、聊天，很多矛盾便在看似輕鬆的喝茶聊天中尋找到了協調辦法。那時的劉業強並不覺得溝通協調工作有多麼神秘。進入屯門區議會後，他才感到社區工作之複雜。

「之前在慈善機構，工作沒有太大壓力。因為是幫助別人，得到的都是正面的反饋。在區議會的工作雖然也是幫助別人，挑戰性卻大得多，需要投入更多時間、精力，花費更多腦筋，才能做成一件事。」劉業強說。

子承父業領銜鄉議局

2008年，劉業強接受了更大的挑戰——他進入新界鄉議局，負責專業事務委員會的工作。

他知道，和屯門區議會相比，新界鄉議局的工作會更具挑戰性：「土地權益、地方設施，很多都不是這麼容易解決的，需要做協調和爭取，有些還需要假以時日，甚至還要有面對不被理解的勇氣。」支撐他挑戰自己、進入鄉議局的，可以說是一種情懷。

「今日新市鎮的配套一應俱全，可以說是鄉議局前人、新界上一代，以及政府等多方面互相體諒和協調得來的成果。」劉業強動容地說，「我想，為社會做事，不求任何回報，世界上沒有哪個地方比香港做得更好！」

2015年，劉業強當選新界鄉議局主席。所謂樹大招風，劉業強面對的質疑更多了。有不少媒體把他的當選說成是「世襲」。我以為他會很委屈、很在意，沒想到他對此很淡然：「鄉議局是民主選舉的，不存在所謂世襲。我也不會因為這些流言而給自己壓力。我只要做好自己的工作就好了。」

他是在鄉議局的辦公室對我說這番話的。他聲音不高，沒有過多的手勢，絲毫沒有「富二代」的張揚，反倒有幾分鄉民的樸實，讓人越加感到他的務實和堅定。

正對著他的牆上，掛著的一幅字，寫的是「自勝者強」。我能夠依稀感覺到，他根本沒打算在這些流言上耗費一點兒精力，他正心無旁鶩，追求「自勝」，幫新界鄉鄰爭取一個安全和穩定的社會環境。

為此，上任之初，劉業強做的第一件事，就是走訪 27 個鄉，和村民聊天，也傾聽新界新居民的想法。

「發現仍有部分鄉村無食水、無電、無路，基礎設施仍未解決時，我就知道很多民生問題都需要大家互諒互助，才有機會改善。鄉民要團結一致，才能在當前複雜多變的政治生態中迎難而上，做到強者自強。」劉業強說。

躊躇滿志的「三料議員」

2016 年，劉業強循鄉議局界別任香港立法會議員。2017 年獲委任為行政會議成員。至此，他和父親當年一樣，成為「三料議員」。

肩上的擔子更重了，他能不能擔得住？

他自有他的想法，並且已經開始行動。

在劉業強辦公桌的左上角，端立著一張國情班的結業證書，在考究的風水擺設一旁，很是顯眼。後來我恍然大悟，他對國情班的學習經歷如此珍視，可能是因為在他看來，新界的發展、香港的發展，最大的機遇在背靠祖國。

「新界幅員廣闊，在地理位置上，北面與內地連接，毗鄰深圳；而大嶼山、東涌等地區，亦是與珠三角連繫的重要樞紐。新界正處在一個難得的歷史機遇期，有非常多的機會可以搭上國家發展的快車，成為香港發展的引擎。與此同時，新界年輕一代大多都受過高等教育，和市區年輕人沒什麼分別，他

▲劉業強子承父業，接棒新界鄉議局主席重任。圖為劉業強到訪屯門鄉事會，從時任屯門鄉議會委員會主席的父親劉皇發手上接過紀念旗。

們的智慧和勤力，將可以很好地支撐新界乃至香港的發展。此外，新界原居民中還有大約 30 萬人居住在海外，鄉議局正在積極與他們取得聯絡，促進他們回港就業，或是以各種方式貢獻香港和祖國的發展。」談到未來，劉業強說，未來的新界發展，除了關係到原居民的福祉，亦關係到全港市民的整體利益，因此必須從大局出發，集思廣益，與政府及各持份者，制訂周全的發展大計，以提升香港的競爭力。

對於爭論最多的「丁權」，以及由此而來的城鄉矛盾，人們也在看著新主席的應對之策。

劉業強說：「最有效的辦法還是溝通。大家的目標是一致的——都是希望香港好，那麼就沒有什麼矛盾是不能夠通過溝通尋找到解決辦法的。」

除了多做溝通工作，經濟專業畢業的劉業強，也有一些新派的思路，比如與民政局合作發展鄉郊旅遊，「特別是偏遠鄉郊，例如在沙頭角荔枝窩，這

個曾經獲國際旅遊雜誌介紹的地方開辦民宿，讓市民能夠親身感受鄉郊生活，同時活化偏遠鄉村。」

為了能帶領鄉議局更好地為新界居民服務，劉業強還打算廣泛吸納熟悉新界事務的年輕專才，包括律師、規劃及測量師、會計師等加入，以專業和科學化的角度提供意見。「好像元朗、大嶼山及新界東北等地區發展，都需要這類專才出謀獻策，為社會繁榮添一分力。」劉業強説。

看著他躊躇滿志的樣子，我不禁想，新界鄉議局主席是選舉產生，不是父傳子，但劉業強成功子承父業，又何嘗不是奉獻鄉鄰、建設香港的代代相傳？回首香港回歸 20 年來，多少昔日的年輕人，已經接過父輩的「接力棒」，成為建設香港、建設祖國的中堅力量；而香港的未來，也有賴於當前的年輕一代勇挑重擔，奮發圖強，令獅子山精神代代相傳、永放光芒。

大年初二，身為新界鄉議會主席的劉業強依循慣例，到車公廟為香港求籤，結果求得上籤，解曰「凡事吉利」，會時來運轉。希望這位「好手氣」的主席，可以帶領新界時來運轉，令到香港「凡事吉利」。

霍震寰
家風淵源「家國天下」

> **"** 若只停留在歷史中，固然不對；
> 但對歷史全無了解，做人會顯得偏頗，
> 甚至失去做人之根本。 **"**

　　霍震寰，廣東番禺南沙人，生於香港，霍英東次子，第十一、十二屆全國人大代表。少時在英國就讀中學的霍震寰，順利考上加拿大英屬哥倫比亞大學繼續學業。學成回港後成了會計方面的專家，幫助打理家族生意。現在，霍震寰是霍英東集團行政總裁。霍震寰亦醉心武學，曾習柔道、空手道、太極拳，以及中國拳術，更曾親率香港武術隊赴馬來西亞吉隆坡，參加各國高手雲集的第二屆世界武術錦標賽，為傳播中華武藝盡一分力。霍震寰分別於 2003 年及 2005 年獲頒授非官守太平紳士及銀紫荊星章榮譽。

文：周馬麗

「從加拿大畢業回來的時候，有人問我要不要申請加拿大居留權。那時候的居留權很容易申請到。但我從沒想過申請，因為那裡始終不是屬於自己的地方。」40多年前，面對比彼時之香港較實得多的北美國家的居留權，「紅頂商人」霍英東之子霍震寰平靜而堅定地回答，「那裡始終不是屬於自己的地方」。隨後，他追隨父親愛國愛港的深厚情懷，回到香港、發展祖國。同樣是心懷「家國天下」，讓霍震寰在如今中國成為全球第二大經濟體時，繼續深度參與兩地發展建設，並在承擔諸多社會事務的同時，致力將醉心的武學推向世界。

　　霍震寰，全國人大代表、霍英東集團行政總裁，已故愛國實業家霍英東博士次子。為全方位回顧香港回歸 20 年來的發展變遷，以及對未來的展望，我們特地邀請霍震寰先生接受訪問。「掌管霍家財政大權」、「小小霍」、「武學高手」、「低調、溫和」——這是被媒體廣為傳播和深為人們所熟知的霍震寰。而放下霍家原有的光環，他是一位愛國愛港情切的商界領袖，談及祖國、香港，他放眼長遠、建議切實、感情堅定。他不因豐富的閱歷和卓

▲霍震寰與全國人大常委會張德江委員長合照。

然的地位而隨意評價他人，永遠抱有對未知和他人的尊重，回答問題時知無不言。在採訪中，他的語氣由始至終溫和淡然，所表述的觀點客觀中肯，提供的細節超乎預期的全面，更對問題的根源直指要害。

背靠祖國，事事幫到你

新中國成立的同一年，霍震寰出生於香港，少年留學英國和加拿大，學成回港後在父親身邊做事。

在霍震寰的記憶裡，香港回歸初期經歷了一系列可謂命運攸關的時刻。在那些緊要關頭裡，中央「用一切方式救香港」，令香港快速復甦、走出陰霾。對這段往事，他記憶深刻、詳實。

1997 年亞洲爆發金融風暴，中央政府大力支持港元，宣布不惜為此動用外匯儲備等等措施，令特區政府在應對風暴時獲得極大信心。2003 年「沙士」（SARS）爆發，香港的城市形象因此蒙上了一層厚重陰影，導致疫情被消滅後，人們仍心有餘悸、「來都不敢來」，「香港幾乎成了一座空城」。而尚未完全從金融危機中恢復過來的本地商業更是越加慘淡。這時，中央政府及時出台港澳自由行計劃，鼓勵內地遊客來港，刺激本港經濟。隨後出台《內地與香港關於建立更緊密經貿關係安排》（CEPA），繼續加強兩地經貿聯繫，令人們對香港商業恢復信心。

中央政府對香港的關注和關懷，在霍震寰看來，不僅體現在回歸初期遭遇的困境中，更貫穿在香港回歸後 20 年間的每時每刻。「香港每一個階段的發展如何，中央都很關心」。這些年間，中央政府一直支持香港經濟發展，除了港澳自由行、CEPA 等政策，還不斷支持、鼓勵內地企業來香港上市、融資、進入股票市場，陸續推出「深港通」、「滬港通」等機制，希望從政策和各方面去支持香港、協助香港發展。

因常年往來海外，霍震寰對祖國與香港關係的看法，不僅具有歷史縱比

時代巨擘——他們眼中的香港二十年

之深，且具與全球橫比之廣，他認為，與香港相比，沒有一個地區具備像香港這樣「懷抱般」安定的環境和優惠條件。以新加坡為例，新加坡之所以要成立一支強軍、時時訓練，就是因周邊鄰國眾多、關係瞬息萬變，故缺乏安全感，需時刻警惕、戒備；在經濟發展方面，新加坡也鮮有來自他方的政策支持。霍震寰在遊歷多國時，曾遇到一些國家的人，他們每每說起香港，羨慕之情溢於言表。「當時香港中華總商會到東南亞訪問，馬來西亞、泰國等國家的人會對我說，『香港真是好，你看你背靠祖國，事事幫到你』。」

香港下個 20 年會更好

霍震寰看好香港的未來，他的信心根植於香港卓越的優勢，和國家發展的良機。他幾乎毫無停頓地連講了三段話，闡述他心中「香港下個 20 年會更好」的原因。

「前陣子深圳有一個座談會，談科技創新創業合作。深圳人都說香港有很好的發展條件，那就是知識產權。目前全中國正面臨老齡化，未來不可避免地將對藥物有大量需求，若全部依賴進口的話，將十分被動；而若要自主研發，香港的知識產權相對而言則予人較大信心。」霍震寰認為，相比「大灣區」的周邊區域，香港自身優勢明顯，其法制、知識產權完善，訊息流通順暢，服務業實力強。而且，周邊區域的優勢也會為香港的發展起到推動作用。他舉例說，美國麻省理工學院（MIT）新近在香港設立了一個研究院，其選址香港的一個重要原因，是香港靠近深圳。「深圳的高科技製造能力很強。做研究需要能即刻生產 prototype（原型）出來，可能你今天把設計草圖交給他，明天他就要求你把模型做出來。而深圳便有這樣相對成熟的製造業基礎。這便成了選址香港的一大好處。」

他還認為，除了發揮香港自身的優勢外，更重要的是區域間要互相取長補短，形成「你中有我，我中有你」的局面。他回憶說，廣東省委書記胡春

▲ 2005 年 4 月 13 日，霍震寰於南沙香港中華總商會大樓落成典禮上致辭。

華曾說過，廣東在製造業方面「先走一步」、做得好，下一步計劃依靠機械人、電商等領域帶動全省發展。但是廣東省在服務業方面缺少資源，恰恰香港「這方面非常強」，「那麼大家在這一點就能合作」。

之後，他又描述了一個對不遠未來的暢想：「高鐵、港珠澳大橋通車後，就接通了『粵港澳大灣區』這個『一小時生活區』，下一步就是如何做到『你中有我、我中有你』了。」他說，有些人認為這片區域的潛力可能並不那麼可觀，而事實上，「粵港澳大灣區」有至少6千萬人口，整個區的 GDP 很大，各方面都有很多潛在機會。如果這個地區能發展成功，「已經很不得了」。

這個城市群聯通後，他認為霍英東集團正在主力開發建設的南沙也應參與進來，共同開發、加強合作。「我們一直希望，南沙的海關能否『退後一點』，騰出一塊地方來做現代服務業。比如讓香港醫生在那裡行醫，允許一些商品在南沙出售。香港人退休後也可以搬到南沙長住，那裡的居住條件會

好一些。」另外，還計劃發展航運、金融、倉儲租賃等業務。

在獲得越來越多國家響應的中國「一帶一路」倡議中，霍震寰認為香港可以扮演舉足輕重的角色。在他看來，香港這一角色優勢在於兩方面，一是香港與東南亞的商貿互通優勢。「『一帶一路』最近的地方之一是東南亞，而香港和東南亞的關係一直都很密切。香港很多人多年來一直與東南亞有業務往來，已有牢靠的人脈關係。」二是香港的國際金融優勢。「在『一帶一路』的金融業務交往中，法律是其中最複雜的一環。法律文書、文件等對專業度要求極高。而香港在國際法律方面，已有很多的接觸，對各種文書文件都已很熟悉。我認為香港應該可以在這方面為國家起到橋樑的作用。」

憑藉雄厚的自身優勢，和惠及自身的全國乃至全球性發展機遇，霍震寰對香港的未來篤定。而在他心中，香港不僅未來可期，更已是「人間天堂」。

香港青年放寬眼界、尋找機遇

「香港是塊『福地』。香港沒什麼天災人禍，而且是個很安全的地方。歐洲的失業率很高，而香港現在差不多全民就業。和全球各地相比，我覺得香港是『天堂』」。在如今的年輕人眼中備受詬病的香港，在霍震寰看來，是塊不折不扣的「福地」。

與不少商界領袖傾向於在香港青年、社會等敏感問題上和媒體「打太極」不同，霍震寰對此並不回避。他對此類問題的坦率回答並不鮮見於報端，每每也總能顧及各方的利益考量，十分懇切。對於香港青年面臨的「上車難」問題，霍震寰認為，現時樓價的高不可攀確實是一個嚴重問題，極大影響了青年的幸福指數；另一方面，他也通過和父親及自己當年的奮鬥經歷相比，認為當下的年輕人還有努力空間。

「香港現在最大的問題是年輕人的住房問題。」雖然特區政府已經著手投放大量資源，希望問題得到緩解，但成效尚需一些時日才能顯現。同時，

和往昔相比，他認為現在有的年輕人略嫌怠於努力。「當然有些年輕人還是努力拚搏的，但相當一部分的青年只顧抱怨社會、抱怨房價高不可攀，卻放棄要求自己。」霍震寰回憶起曾看過的一個訪問，其中記者對一位抱怨居住條件差劣的年輕人問道：「你想住好一點，為什麼不做多一份工作呢？」記者有此一問，皆因這個年輕人每天所做的事就是在劏房裡看漫畫、打遊戲，卻不去做事掙錢。霍震寰說：「以前香港人人都兼任幾份工作。當時我們的船廠請人，如果是不用 OT（加班）的話，是沒有人願意來做的。因為每個人都希望加班，可以多掙點錢。」雖然他亦審慎地提到，現在時代已不同，他的看法可能有失偏頗，但確實認為許多年輕人可以更加努力，從而追求更好的生活。

對於此中顯現的青年就業和事業問題，霍震寰眼界開闊，鼓勵年輕人不必局限於香港，也可放眼內地。他說，不少香港年輕人北上內地就業或創業，這些人當中有些能夠發揮香港服務業的優勢，進入酒店業成為高層管理人員，有些則緊跟內地科創熱，進行科技研發等業務，都取得了可觀的成績和滿足感。霍震寰認為，不僅應放眼全國，還可以更進一步放眼全球。互聯網的發展加之經貿全球化，令就業和創業的地域限制已越加淡化，近年中國頻繁地對外國投資便體現了這一點。因此，香港年輕人應把握機遇、放寬心態，為自己選擇一條寬廣的道路。

一些香港年輕人不願放眼內地、打開就業發展的機遇，很大原因是在時下香港年輕人當中，有不少人對於祖國乃至香港頗有微詞。對此，霍震寰沒有一味批評年輕人，反而嘗試追溯根源。他認為造成這一現象的，是現時的媒體和教育對歷史的重視不足，以及年輕人對內地發展的了解不足。「如果大家多讀些歷史，就知道中國近百年來遭受過很多痛苦。在我小時候那個年代，大家都聽媽媽講過日本在佔領香港的『三年零八個月』裡都做了些什麼，所以人人都非常希望國家強大，自己便可以不再受人欺負。」而現在的年輕

▲ 2002 年，霍震寰與父親霍英東於韶關丹霞山合照。

人覺得這些歷史距離自己太遙遠，沒有共鳴、沒有感覺了，反而只知道日本是旅行的好去處。他說，若只停留在歷史中，固然不對；但若對歷史全無了解，做人難免會偏頗，甚至失去做人之根本。

霍震寰少時有幸多次隨父親前往內地，方對內地有了充分了解。他說，自己見證了祖國從積貧積弱奮發到成為如今的世界第二大經濟體，由衷地深感驕傲自豪。「70、80 年代的內地，真的窮到什麼都沒有。當時的水果攤，只擺著幾個爛蘋果在那裡賣，雞肉硬到嚼不爛，只能上山打到什麼就吃什麼。」留學回國後，看到國家改革開放，科技、藝術、體育等諸多領域均得到顯著發展，他和與他同一批的留學生都希望能為國家作出貢獻。

霍震寰說，了解歷史和到外國讀書，都會令自己對國家有更多了解，看法更客觀全面，也會更希望國家強大；相反，若每天都待在家裡，看事物容易變得片面，只見問題、不見優點。加上現時香港媒體「好事不算新聞，負面事件才算新聞」的報道傾向，令年輕人更加難以產生愛國情懷。

「從當時的積貧積弱到今天，大家的幸福指數已提升太多。現在是我們祖國歷史上最好的時期，特別是改革開放 30 年來取得的巨大進步可謂不可思議。」他感慨地說道。

「幸運」、「自律」、「簡單」的霍家人

在媒體眼中，霍震寰「不僅外表酷似其父，還繼承了其父敏銳的經濟頭腦和為人樸素的作風」。而提及父親，霍震寰坦言對父親過人的品格「後知後覺」，雖然那時在父親的言傳身教之中薰陶漸染，無形中亦學到一種樸素、努力、拚搏的態度，但當下卻未能察覺，亦不覺得有何特別。直到「父親去世時，聽到大家說『左中右』派都對他評價甚高」。「父親一心一意地做事情，盡力希望能夠幫助到國家。我想這可能是大家對他敬佩的地方。」他繼續回憶說，父親重視人品，認為「人最重要就是不要學壞，人品重要過一切」。父親從不說別人不是，也不會猜度別人，從未聽過他訓斥他人。當年父親有一位生意夥伴，做了一些有損信譽的事，父親則對大家說：「他可能有一些我們不知道的原因吧。」

對於外界熟知的霍英東先生酷愛體育一事，霍震寰饒有趣味地憶述到，當年在英國讀書時，父親打來一通越洋電話，竟然「不是問我成績如何，而是問我有沒有打球。」後來到了加拿大，父親也特別留心地為他尋找會所，為了方便他去打羽毛球。霍英東先生重視健康，認為做運動勝於吃補品。「我爸爸覺得人生最重要的是身體健康，他認為健康是要通過運動鍛煉，而不是靠吃保養品得來的，所以也很鼓勵我們多多鍛煉。」

或許受此影響，霍震寰在運動方面也發展出了較為獨特的「嗜好」——練武。他是香港意拳學會會長、香港武術聯會會長，曾親自率領香港武術隊出國參加世界武術錦標賽。這位「富二代」出身的商界領袖，看似與講究「百煉成鋼」方可練就的武學高手相去甚遠，但他卻造詣頗深。據一位練武名家

時代巨擘——他們眼中的香港二十年

▲ 2015 年，霍震寰於澳門亞洲武術聯合會上致辭。

稱，與其研習推手時，搭手時感覺到霍氏的手很沉，功力似乎頗深。

　　然而，他對武術的熱情不止於此，眼界也不僅限於傳統武學國家。身為國際武術聯合會副會長，及亞洲武術聯合會主席，霍震寰希望利用這個身份，協助國家發展「一帶一路」，將武術作為一種中華文化，推廣到沿線國家。他更對武學在全球的傳播與發展了然於胸：「武術在亞洲發展得不錯，尤其是東南亞，但是在中西亞是比較薄弱的。目前俄羅斯、伊朗的武術也很強。」

　　說起這段深長的武學之緣的緣起，也是頗為波折的一段故事。「我小時候對武術很有興趣，但沒有機會學。因為在當時的香港，大家對武術的看法比較負面，總認為和黑社會有關。」留學後，他才接觸了日本柔道和太極拳。起初，霍震寰參悟不透內裡的道理：「書上明明寫著，太極宗師楊露禪被稱作『楊無敵』，我就覺得太極拳一定非常厲害。但大學時學到太極拳，卻發

◀霍震寰與家庭成員
於澳門霍公亭留影。

現這種拳既不用力，速度還很慢，怎麼會『無敵』呢？我就很奇怪。」後來，
霍震寰讀了物理，對相對論這類理論很好奇，便將理論延伸到武學，似懂非
懂地一路學了下去。慢慢接觸下來，才發現武學「其實都好有道理」。後來
他也一直堅持練習意拳，如今仍然保持站樁習慣。「現在每天晚上都會站一
站樁，感覺比較舒服。」

在霍震寰眼中，被全港乃至全中國媒體以正面眼光追蹤打量的富豪霍家
二代和三代，只是一些「不可說不幸運，同時生性簡單、努力也隨緣、腳踏
實地」的人。「可能大家有時會覺得我們霍家人很特殊，但其實我們自己並
不認為有什麼特別之處，我們的生活依然普通簡單。比如當年我到英國留學，
搭飛機時都會自動去找英國廉價航空的機票，這些勤儉生活的技巧根本不需
要人教。」他說。時至今日，霍家人仍然生活簡單。「可能霍家人生性都比

較簡單。我們已經覺得自己很幸運了，所以在生活上也沒有太多的要求。連房子裡的游泳池都很少有人用。」

談及下一代，霍震寰評價「他們的生活都算比較自律。」有時令人感覺「異乎尋常地坦誠」的霍震寰，也會打趣說：「現在的年輕人辛苦得多，做什麼都有傳媒盯著。我們當時就幸運得多，比較自由。不過，現在的年輕人都很有自己的想法，會通過各種渠道去學習。所以現在沒什麼機會向年輕人說教了。」

適逢採訪間隙，霍震寰之子霍啟文也來到我們做採訪的會議室。「富豪後人一般予人玩世不恭、不務正業的印象。能立定決心打拚的例子確是鳳眼。」有媒體如此評價霍啟文。問及他當下的事業發展，霍啟文持重地不願多談眼下在事業上的努力，或許可說是又一個希望用成果去證明自己的人。說起當下年輕人面臨的「上車難」，他也繼承了父親「異乎尋常的坦誠」，說「我現在也買不起房子。」「我看上了一個房子，可我買不起。那我買不起就只有努力了。」他說，「不能守株待兔地等房價跌了才來奮發。今天你作出怎麼樣的努力，未來就會得到什麼樣的回報。」

在霍震寰口中，自己和家人都是輕描淡寫的「幸運」、「自律」、「簡單」。但他說過這樣一句話：「現在有錢的人，當年個個都是要捱苦的，不然現在就不會發達。而那些一有錢就開始玩世的人，很快就被打回原形了。」那麼，這份霍家人的「自律」，乃至連續三代都受到同時代人的矚目，被所有媒體認為具有「和尋常富二代不同」的「鳳眼」般的特質，或許並非天生那麼簡單吧！

戴德豐
全力投入社會事業的
「香港食品大王」

" 民本在心，使命於懷，
我深深體會到要更加自覺地就國事港事多提建議，
多作貢獻。 **"**

　　戴德豐，1949 年生於香港。現任全國政協常委、廣東省政協常委、四洲集團主席。他積極參與社會事務，出任多個香港及內地社團要職，包括香港友好協進會會長、香港廣東各級政協委員聯誼會首席會長、港區省級政協委員聯誼會創會主席、香港廣東外商公會主席、香港食品商會會長以及群力資源中心會長等。2017 年獲香港特區政府頒授大紫荊勳賢，此前也獲得過金紫荊星章、銀紫荊星章。

文：左婭

▲在「慶祝香港回歸祖國 19 周年暨香港友好協進會成立 27 周年晚會」上致辭。

「我不是香港十大富豪，但可能是香港十大忙人。」這是戴德豐接受筆者採訪時的開場白，帶著招牌式的「戴氏笑容」，露出兩個深深的酒窩。

他這一笑，我便知道，他的忙一定不全是為了自己做富豪。果然，戴德豐接著說：「我差不多七成的時間都用在了社會事業上。」

香港回歸 20 年來，戴德豐參與發起創辦了「香港廣東各級政協委員聯誼會」、「港區省級政協委員聯誼會」和「香港廣東外商公會」，還是香港羣力資源中心會長，香港食品商會會長，香港廣東社團總會首席會長。當然，最眾所周知的社會職務，還是香港友好協進會常務主席、執委會會長——香港友好協進會成立於 1989 年，是由港區全國政協委員、全國人大代表和中華海外聯誼會為主體的愛國愛港社團，其贊助人是香港首任行政長官董建華。

憑真誠笑容賺得第一桶金

大忙人戴德豐每天早上 5 時半就起床，6 時半跑步，7 時半吃早餐。這樣

▲（左起）譚本宏、戴德豐、梁振英、岳世鑫一起植樹。

的生活規律，他堅持了 46 年，因為「早起床，可以第一時間知道世界發生什麼事」。

「我今年 68 歲，但我仍然要當自己 22 歲。22 歲是我開始創業的年紀。我要永葆創業者的熱情。」戴德豐說著，又露出兩個小酒窩。

欲語先笑的習慣，讓戴德豐看上去確實如二十幾歲般神采奕奕。然而，當他把自己創業成功也歸因於 TVB 名句「做人，最緊要是開心」時，我還是有點疑惑。他看出了筆者的迷茫，笑著解釋道，他賺到了人生第一桶金，靠的就是真誠笑容。

1971 年，戴德豐認識的一個叔輩剛好接手了一項食品代理業務，他來到戴德豐家作客，問他有沒有興趣做食品生意，有興趣的話就帶他去日本。一聽說可以去日本，戴德豐立即產生了興趣。

原本，戴德豐的興趣只是源於「可以去看看日本是什麼樣子」的簡單念

頭，他自己並沒料到會真的被食品工廠裡的精美小零食吸引了。「當時我心裡想，零食便是能讓人快樂的東西，不如就做零食生意吧！」戴德豐回憶道。

不過，那時候的戴德豐並沒有做生意的經驗，對日語也一竅不通，怎麼能從日商手中取得代理權？「我想可能就是因為我真誠認真的態度，和時時掛在臉上的微笑吧。」戴德豐說：「所以說，開心很重要。要做一個受歡迎的人，或者對於企業來說，就是要做一家受歡迎的企業，就是要以真誠、真心待人。」

當然，戴德豐能獲得成功，除了真誠友善的人格魅力之外，與他身上勤奮投入的香港精神也分不開。

戴德豐的日本食品代理生意一開始就碰了壁。上世紀 70 年代的香港還沒有超市，零食都只是在街邊小舖售賣，一家家地去推銷顯然不符合經濟原則，要推廣一種新食品最高效率的辦法，還是要通過經銷商。然而，那時日本零食屬於高端食品，價格較貴，經銷商擔心銷量不足，不願意經銷。

怎麼辦？就此放棄嗎？這當然不是戴德豐的作風。「那時候想法很簡單，就是想著既然做了，就要想盡辦法做下去，把它做好。」戴德豐果然就想到了好辦法，他通過投放電視廣告，先勾起消費者的「食慾」，後來經銷商就主動找上門來了。

代理日本高端零食、投放電視廣告，戴德豐都是「第一批吃螃蟹的人」。食品市場是充滿競爭的市場，四洲售賣的食品接近 6,000 種，還自有 20 家食品工廠，市場競爭壓力和質量管理壓力都很大，但四洲集團 46 年來一直以食品為主業，市場表現有目共睹，足見「真誠以待、全力以赴、敢為人先」的巨大魅力。

香港回歸前就在內地建廠

1996 年，戴德豐在廣東汕頭建了一家食品加工廠。

那時候，香港還沒有回歸，很多香港人並不了解內地，個別人對內地甚至還有幾分畏懼。香港回歸前夕，有些人在趕著移民海外，戴德豐卻趕著把工廠建到了內地。

「由於生意上的往來，我比較多到內地。1991年，我就應邀擔任了廣州政協委員。了解得多了，誤解自然就會少了。」戴德豐說，改革開放以後，內地的外國人漸漸多了起來，廣東省希望有一些進口食品，可以滿足日益多元化的市場需求。於是，四洲開始進入內地市場，「最初只是貿易往來，往來多了就有了感情，自然而然地就在當地投資建廠了。」

戴德豐雖然在香港出生長大，但確實和祖國有感情，逢人便講中國的好處。

「我是發自內心的。中國改革開放之初，很多外國人不知道中國是什麼樣子的。我就逢人便講中國的好處。講得多了，就會多一些人有興趣了解中國。」戴德豐說：「我和朋友相處也是這樣，你看到朋友的好且不吝嗇你的讚美，朋友高興，自己會更高興。」

「我切身感到，『一國兩制』是香港的一大優勢。」戴德豐說，洽談食品代理合作時，很多貿易夥伴看重四洲，不僅是因為我們在香港的市場影響力，而且還看重我們背靠內地的市場，「國家好，我們就好」。

堅持 18 載資助家鄉教育

戴德豐對國家的感情，還表現在他對家鄉學子的關心上。不管多忙，戴德豐每年都會返鄉行善，今年已是第十八個年頭。

其實，戴德豐在香港出生長大，在內地也沒有什麼親戚，直到1999年有鄉親找來，他才第一次知道自己的家鄉在哪個村莊。

「1999年的一天，廣東省揭陽市普寧縣縣委書記通過一位著名商人找到我，他說我祖籍在普寧某某鎮某某村，邀請我回家鄉看一看。」戴德豐笑

▲出席 2016 年普寧市戴德豐高考中考優秀獎頒獎禮。

著説，他就這樣「認祖歸宗」了。

「我跟這位縣委書記回到了我爺爺輩所在的村子，鄉親們夾道歡迎，叫我阿叔。我才知道我的輩分蠻高呢！」又露出了酒窩。

戴德豐發現村裡的校舍很細小，村裡的孩子就在這間屋子裡讀書。「我看到家鄉原來是這樣，心裡不舒服，當場就決定捐建學校。」戴德豐説。

這個學校，用了 230 萬人民幣，在當時可不是一筆小數目。「你被騙了吧？建個小學哪需要這麼多錢？」戴德豐的內地朋友擔心他受騙，就特地去該所學校看了一圈，得出的結論是「確實得要這麼多錢」——原來，戴德豐捐建的那所小學很大，可以供 700 多名學生入讀，後來七里八鄉的孩子都來這裡上學了。

「什麼事情都要有人去推動。而很多事情，一旦開始後，就會越做越多。」2000 年，戴德豐再次返鄉時，又捐資設立了「普寧市戴德豐博士高考中考優

秀獎」，激勵孩子們發奮讀書。

更難能可貴的是，17年來，戴德豐不僅年年「錢到」，而且「人到心到」。每一年頒獎儀式，戴德豐不管多忙，都一定要抽出時間親往頒獎。

「你親自去，人家看到你這麼認真、這麼有心，自然都會特別重視，特別認真去把它做好。」在戴德豐看來，決定了要做一件事，就一定要全情投入，做到最好。為此，戴德豐天剛亮就要出門，回到香港時往往已是深夜，花10個多小時往來，就是為了與師生一個多小時的短敍。

「有福才能做慈善。我不認為做慈善是單純的施予，我自己也獲得了很多快樂。」戴德豐動情地說：「有時候我回廣東出差，會遇到不認識的年輕人跑過來跟我說：『戴先生，我拿過你的獎學金。』看到他們臉上的笑容，那一刻我比他們還開心。」

香港軍民魚水情的積極促進者

對青少年，戴德豐總是特別的關心。

每年暑假，香港羣力資源中心都會和解放軍駐港部隊及香港教育局聯合主辦香港青少年軍事夏令營。每屆夏令營，身為羣力資源中心會長的戴德豐一定每天都與部隊通電話跟進學員們的情況，也會抽出時間去軍營看望他們。看到學員們軍體拳打得像模像樣，一身軍人硬氣，表現出刻苦、自律和團結的精神，他又會笑得露出酒窩。

香港回歸之初，香港市民和解放軍可沒這麼親近。軍民魚水情是中國解放軍區別於其他國家軍隊的一大特色，駐港部隊也想拉近與香港市民的關係，卻又不知從何開始。

1997年中秋節前夕，時任特首夫人董趙洪娉和戴德豐發起組織了「軍民同樂活動籌委會」，希望可以在中秋節這個象徵團圓的節日裡去探望駐港部隊，表達香港市民對駐港官兵背井離鄉擔任防務工作的感謝。「駐港部隊的

戰士多數大約 20 歲左右，每逢佳節倍思親，我們的慰問可以讓他們感到一絲溫暖和慰藉。」戴德豐談到。

一如既往，這件事又被戴德豐「想盡辦法地做下去，把它做好」了。

1998 年，羣力資源中心成立。之後的每一年，戴德豐都會與駐港部隊歡度中秋，只不過歡度項目越來越豐富：除了一起賞月觀燈吃月餅，羣力資源中心還會組織香港工商界、演藝界人士為官兵送上文藝表演、組織香港明星足球隊與駐港官兵進行足球友誼賽等等。羣力資源中心熱情組織，駐港官兵也回報以熱情，這成為了駐港部隊和香港市民相互交流的突破口。

之後，軍民交流越來越多。駐港部隊舉辦軍營開放日，幾萬香港市民在炎炎夏日排了好長一條「龍」，只為了領到開放日門票。交流越來越多，軍民感情逐漸深厚。今年軍營開放日遇到降雨，就有香港市民自發為站崗的戰士撐傘，畫面感人至深。

回歸 20 年來，羣力資源中心與駐港部隊的良好互動，一直在持續。2005 年，戴德豐積極響應董太的倡議，聯合駐港部隊和香港教育局，舉辦了第一屆「香港青少年軍事夏令營」。

夏令營每次為期 15 天，學員們吃住都在軍營，要自己洗碗洗衣服。每天早上 6 時就要起床，要跑步出操、學習軍體拳和走隊列，也會舉行莊嚴的升國旗儀式；孩子們最喜歡的項目是實彈射擊和參觀神秘的軍事設施，以及學習摺疊「豆腐塊」；有時候也要上課，了解中國歷史，和社會知名人士分享交流，今年的「小兵」們就和周星馳聊了好久；當然也少不了課餘活動，比如電影放映會、朗誦比賽、一起包糉子，還會自導自演聯歡晚會；雖然只是夏令營，夜裡也有緊急集合，就算下著大雨也要堅持行軍 12.5 公里……

一開始，學員們會喊累叫苦。但朝夕相處 15 天後，學員們無一例外地與兵哥兵姐變成了好朋友，分別時常常見到依依不捨、痛哭流涕的場面。好多學員都由衷地發出感慨：「這段日子受用終生、永世難忘！」

孩子受益，家長開心，香港青少年軍事夏令營越辦越大。第一屆夏令營只收男生，後來也有女生加入；以前只以中三到中五的中學生為參加對象，後來又增加了大學生軍事夏令營；人數也在不斷擴充，第一屆只招收 100 人，2016 年已擴充到 500 人，但是仍然不能滿足需求，學生們要經過嚴格的面試，才有機會入營。如今，戴德豐又謀劃著，能不能再添一個初中生夏令營。「越早讓孩子們體會刻苦、自律和團結友愛，對他們的人生越有益處。」戴德豐說：「我沒有當過兵，但從學員們身上的變化，令我覺得這是可影響孩子一生的經歷，是很值得去做、很有意義的大好事，我會盡心盡力把它做好。」

然而，人數越多、孩子越小，籌辦的壓力越大。戴德豐又要操心孩子們的健康安全，又要想盡辦法豐富夏令營的項目，讓他們的 15 天過得更快樂充實有意義，所有的細節都要想到、處理好，每一年都是到學員們圓滿畢業那一刻，戴德豐「才終可放下心頭大石」。

香港創建政協聯誼會最多的人

對戴德豐而言，「既然做了，就要想盡辦法做下去，把它做好」的，還有政協委員這項事業。

1991 年，戴德豐始任廣州市政協委員，之後擔任省政協常委。2008 年，戴德豐擔任全國政協常委。他曾說：「一次做政協，一生政協人。政協、事業、家庭，是我人生的三大支柱。」

戴德豐可能是香港創建政協聯誼會最多的人。

2006 年，《中共中央關於加強人民政協工作的意見》頒布，中央希望進一步發揮政協委員的作用。「民本在心，使命於懷，我深深體會到要更加自覺地就國事港事多提建議，多作貢獻。」戴德豐說。

2006 年 5 月，經過與朋友一道多方努力、協調、溝通，「香港廣東各級政協委員聯誼會」率先註冊成立，戴德豐任首席會長。同年 9 月，戴德豐還

▲全國政協主席俞正聲（右）與戴德豐合照。

創建了在香港頗有社會影響力的「港區省級政協委員聯誼會」，凝聚了 1,100
多名省級政協委員，戴德豐擔任首屆主席兼基金會主席，4 年後轉任會長，共
服務聯誼會 8 年。2013 年，戴德豐當選香港友好協進會會長。

　　這些政協聯誼會對香港的發展和國家的發展，都起到了切實的作用。

　　戴德豐擔任會長的香港友好協進會還組織港區全國人大代表和全國政協委
員走進中學校園宣講國情，已經持續了 7 年。

　　這麼多社會職務，如此繁忙的工作，戴德豐是如何堅持下來，而且還要精
益求精的？「是信念的力量。」戴德豐說，他曾有過一次「奇特」的經歷：在
一次重要活動前夕，戴德豐忽然失了聲，因為要在活動上致辭，戴德豐急得不
得了，他找醫生打了針，吃了一大把的藥，仍然說不出話來。到了致辭那一刻，
戴德豐硬著頭皮走上台，沒想到就真的發出了聲音。致辭過程非常順利。走下
台後，坐在身邊的朋友關切地問他是不是感冒了，聲音聽起來有點沙啞，他才

發現自己又講不出話了。「就只有這 5 分鐘可以發出聲音，真的只能説是信念給了我力量。」戴德豐笑著説。

為港出力為國謀劃

在為香港發展貢獻力量的同時，戴德豐也積極為國家發展出謀劃。

2008 年，受國際金融危機影響，珠三角低端加工貿易遭受重創，其中不乏港資企業。為應對發展瓶頸，廣東省提出「騰龍換鳥」、「雙轉移」等政策，以促進產業轉型升級。沒想到，這卻受到了港資加工貿易企業的抵制——他們以為這是要把港資趕走，為廣東自己的企業騰出生存空間。

與時任廣東省委書記汪洋深入座談後，戴德豐看到了這些政策對粵港經濟發展的重要性。2010 年 1 月，他發起邀請廣東省政協港澳台委員聯同香港多個重要社團、商會，主辦了首次在香港舉行的「雙轉移」政策推介會，取得了非常好的效果。其後幾年，戴德豐多次邀請廣東相關部門赴港召開「雙轉移」政策宣講會，並多次帶領港商考察團赴廣東考察，港商對「雙轉移」政策由抵觸逐漸轉變為接受、歡迎、積極配合。

2013 年，上海自貿區成立後，作為全國政協常委，戴德豐又為設立廣東自貿區而出力。2015 年 4 月，廣東自貿區正式獲批成立，四洲集團第一批掛牌進駐。

2015 年，戴德豐又響應國家「大眾創業、萬眾創新」的號召，向暨南大學捐資 50 萬元人民幣專門用於資助訪港同學會開展青年創業項目。暨南大學優秀學生訪港同學會，也是戴德豐一手促成的。他從 2011 年起資助並組織暨南大學優秀學生訪港，迄今已資助了超過 200 名學生來香港交流。如今，戴德豐出資搭建的廣東省首個在校粵港學子聯合創業項目——四洲紫菜生活館，已經開始以「O2O」的方式開展「互聯網＋零售服務」商業實踐，為不少和戴德豐年輕時一樣有創業激情的學子積累了寶貴的經營實踐經驗。

▲戴德豐到廣東省考察。

戴德豐說：「回顧歷史，香港和廣州經濟的發展，都離不開兩地的密切合作。對做人而言，廣結善緣、多交朋友非常重要，所謂一個好漢三個幫。更可況，就算你非常厲害，單打獨鬥賺了錢，也不會開心。而如果有朋友可以分享奮鬥的經歷和成功的喜悅，則快樂得多。做人如此，一個地區的發展也是如此。」

在戴德豐看來，「一帶一路」、「粵港澳大灣區」城市群建設等，是中國給世界帶來發展機遇，也是香港難得的歷史機遇。「我相信，未來香港和內地合作，必將在國家現代化進程中扮演更加重要的角色，相信香港一定能在中華民族偉大復興的征程上創造新的輝煌。」言談間，戴德豐又展開了他那招牌式的「戴氏笑容」，露出兩個深深的酒窩。

饒宗頤
國學宗師　惠澤流芳

" 眼界高時無物礙，心源開時有清波。

人品重德，德立品高；

世事重道，道法自然；

精神重靜，靜能生慧。 "

　　饒宗頤，字伯濂，又字選堂，號固庵。生於廣東潮州，自學成家，長期致力學術研究，是蜚聲國際的百科全書式大學者，素有國學大師之稱，近年更有國寶之譽。他在歷史、文學、語言文字、宗教、哲學、藝術、中外文化關係等人文科學領域中，皆有卓越的成就和突出的貢獻，備受海內外同儕和後輩尊崇，在香港以至當代的中國，實是百年難得一遇的巨擘，先後獲得海內外學界和藝壇多個重要獎項與殊榮，更獲香港特區政府頒授的大紫荊勳章。2011 年，南京紫金山天文台將國際編號為「10017」的小行星命名為「饒宗頤星」，以肯定饒宗頤教授的卓越成就。

文：王蘇

在中國五千年歷史中孕育的中華文化，雖歷來飽受外來文化的衝擊。然而，其意蘊獨特自成體系，淵源一貫，經久不衰，有賴於中華聖賢大家們用盡一生心力奮發圖強，才得以承先啟後，令中華文化不斷發展、演化，並延續下去。名揚天下的國學大師饒宗頤，便是當代將中華傳統文化呈現於 20 世紀世人面前的最佳典範。

一生勤學精進的饒老在學術與藝術上造詣非凡，雅人深致，他研究的領域廣闊，時間縱橫跨度上至夏商，下至明清，是當代卓有建樹之國學宗師。他通曉粵、閩等多種方言，精通英、法、德、日、印度等多國語言文字，以及梵文、古巴比倫楔形文字等等，又是傑出的翻譯家，獲香港藝術發展局頒發第一屆終身成就獎，獲法國文化部頒發文學藝術勳章，並獲香港特區政府頒授大紫荊勳章。

2015 年 4 月 27 日，國家領導人專程在中南海會見中央文史研究館館員、香港大學桂冠學人饒宗頤教授，稱讚饒宗頤近百歲高齡仍心繫國家發展、學術耕耘不輟、藝術創作不斷，是一個世紀的榮耀，是時代的驕傲。

自學成家　成就非凡

1917 年，饒宗頤教授生於廣東潮州，自修學業，長期致力學術研究。饒教授堪稱飲譽國際的百科全書式大學者，素有「國學大師」之稱。近年更有「鎮港之寶、國之珍寶」美譽。他在歷史、文學、語言、文字、宗教、哲學、藝術、中外文化關係等人文科學領域中，皆有學藝兼修的非凡成就和突出的貢獻，備受海內外同儕和後輩尊崇。

饒宗頤教授又是當代最著名的中國傳統文學巨匠，古體、律、絕，無一不精，尤擅填詞，又騷、賦、駢、散，無一不曉，可謂卓立力行於當代中國文壇，別樹一幟。他更是一位傑出的藝術家，在書法、山水、人物畫的創作上承先啟後，自成一家，甚至在音樂範疇，也素有涉獵，可謂是文、藝、學

▲ 2015 年，國務院總理李克強與饒宗頤教授在中南海紫光閣會面。

三者兼備，堪稱「一身而兼三絕」。

　　饒宗頤曾任中山大學廣東通志館專任纂修、研究員，無錫國學專修學校教授，香港大學中文系教授，香港中文大學中文系教授，新加坡國立大學中文系首任講座教授、系主任，美國耶魯大學研究院客座教授、台灣中央研究院歷史語言研究所研究教授，法國高等研究院宗教學部客座教授，日本京都大學文學部及人文科學研究客座等職，又先後獲授中國文化研究所及藝術系偉倫講座教授、香港大學林伯欣中國文化講座教授等職銜，亦是北京大學、浙江大學、南京大學、復旦大學、中山大學、著名學府的名譽教授。

　　鑒於饒宗頤於學術、藝術範疇皆有卓越的成就和突出的貢獻，他先後獲得海內外學界和藝壇多個重要獎項與殊榮，包括法國法蘭西學院的漢學儒林特賞、遠東學院院士、巴黎亞洲學會榮譽會員、俄羅斯國際歐亞科學院院士、香港大學、香港嶺南大學、香港科技大學、香港中文大學、澳門大學、日本創價大學、澳洲塔斯馬尼亞大學的榮譽博士銜，法國索邦高等研究院的首位人文科學榮譽國家博士學位，中國藝術研究院中華藝文終身成就獎，西泠印

社第七任社長，天一閣名譽館長等。

2012 年，饒宗頤當選為法蘭西學院銘文與美文學院外籍院士，是首位得此殊榮的中國以至亞洲漢學家。2013 年 3 月，「第五屆世界中國學論壇」在上海展覽中心舉行，饒宗頤獲頒授「世界中國學貢獻獎」。

2014 年，饒宗頤教授獲頒香港大學首位「桂冠學人」榮銜，是為該校最高學術榮譽；同年，又獲山東大學名譽博士榮銜，並當選中央電視台第三屆「中華之光——傳播中華文化年度人物」。

在科技日新月異和經濟全球化的時代，饒宗頤教授身體力行，堅守信念，他潛心研究道學、佛學、詩學、敦煌學、甲骨學、詞學、史學、楚辭學、考古學、金石學、音律學等博大精深的學問，透過學術研究和藝術創作傳承和發揚傳統中國文化。

書畫藝境　脈源流芳

饒宗頤的學問幾乎涵蓋國學的每一個方面，且皆取得顯著的成就，為世間絕無僅有的大家。香港大學修建了饒宗頤學術館，潮州市政府也在其家鄉修建了饒宗頤學術館，以彰顯其地位及對他的卓著成績作出肯定。

記得 1995 年，筆者於採訪香港潮州商會社團活動中有緣結識當時已享譽國際的饒宗頤。遇有潮州籍社團活動，饒老常有出席，筆者在現場所見，他低調謙和，頗受鄉賢尊敬。

猶記得 1999 年，源於香港臨時市政局假香港尖沙咀文化中心香港藝術館舉辦「澄心選萃——香港藝術家系列三：饒宗頤」書畫展，筆者幸得機會赴國學宗師饒宗頤位於跑馬地的雅居，探訪這位國寶級漢學大師，感受國學大家的生活點滴。

這次探訪給筆者留下的深刻印象：滿溢書香味的居室，迎面四壁書櫃，積書環列如城。饒老向筆者展示並講解他研究著書的學問，不急不徐的語速，

語暖情深、言簡意賅、直切主題，整個訪問過程令筆者受益匪淺。

當年香港藝術館舉辦的饒宗頤書畫展，透過 40 多件展品，其中包括書法，山水、花鳥以及人物畫，反映饒老高尚之品格，以及對中國文化淵博的涵養。展出的大部分作品均屬饒老盛年之作，演繹其書畫藝術成熟期的風格，展現其藝術造詣的高超。

他的繪畫以畫入畫，筆法方圓並用，每一點、一劃均深思熟慮，用心營造「人品既已高矣，氣韻不得不高」的意境。

除了畫作之外，饒老的書法亦饒有趣味，風格渾厚古樸，行筆純乎自然，筆法靈巧多變。他在廣泛汲取諸家書風之餘，亦參以秦漢碑刻、漢簡書法等，自成一體，再配合豐潤的文采，將中國書法對純美的追求展現得淋漓盡致。

2017 年，為慶祝香港回歸 20 周年，香港文化博物館舉辦「敦煌韻致——饒宗頤教授之敦煌學術藝術展」，百歲高齡的國學大師饒宗頤前來出席開幕

PROFESSOR JAO TSUNG-I
饒宗頤教授

▲ 2014 年，饒宗頤教授獲頒香港大學首位「桂冠學人」榮銜，是為該校最高學術榮譽。

（照片由香港大學饒宗頤學術館提供）

儀式，他在工作人員的引導下緩步入場，全場觀眾報以熱烈的掌聲⋯⋯饒宗頤滿面笑意地比劃著手勢說：能有機會讓參觀者一同與自己分享創作的心歷路程，是一件非常愉悅之事。他希望能令年輕一代有所啟發，希望透過自己的作品，讓觀眾深入了解敦煌文化的獨特魅力，最重要的是要有益於他們的身心健康。

多元文化集大成者

饒宗頤的學術研究範圍廣泛，從帛畫、敦煌學、經學，以至中國文學、考古、文字，乃至音樂等各範疇，其中無不詳徵博引、深入探討，並以其真知灼見，在每一範疇都深入研究分析，嘔心瀝血地創造出經典之作，以供後進參考。

正如他向筆者概述的那樣：「一個人的頭腦分成兩部分，一邊是邏輯思維，一邊是藝術思維，兩種思維『軟硬兼施』，張馳有度，兩方面可以互相指導，交界並行，即所謂貫通縱橫。」他風趣地笑說他一直拿自己來做實驗：「我的腦細胞很多，還有三分之一未用呢！」

一直以來，在饒宗頤心中都秉持著一個理念：學術與藝術可以並駕齊驅。擁有淵博的學識及對傳統中國文化的深層次解讀，散發著一股純淨優雅的文人氣息，饒公一向予人德才並重、唯美脫俗的印象。「人生存在的價值是社會給予的，只是每個人的追求不同，我認為只要是有益的事，就是一件值得去追求的事。」饒公有感而發，而一向不在乎「金錢」的他，更坦言會執著於自己永恆的追求。

綜述饒宗頤幾十年來的治學生涯，概括而論：早年出道以治地方史志為主；中年時期兼治四裔交通及出土文獻；壯年階段範圍由中國史擴大到印度、西亞以至人類文明史的研究；晚年則致力於中國精神史的探求。他著書立說，數不勝數。

覽諸中國歷史，真正稱得上博學多才而又精於丹青者殊不多見，而饒宗頤教授即為其一。文化大家錢鍾書說他是「曠世奇才」；季羨林生前說「心目中的大師就是饒宗頤」；金庸說「有了饒宗頤，香港就不是文化沙漠」。可見，饒宗頤的成就備受業界各大家的推崇，更與季羨林齊名，獲學界給予「南饒北季」的稱號。

平生治學　所好迮異

追蹤饒老不知倦怠地伏案研讀的生命軌跡，如一道風景，深鑲於筆者的回味中。

2017 年 7 月 12 日，因撰寫高端訪談叢書，筆者得知饒宗頤教授當日將要出席主禮深圳大學舉行的饒宗頤文化研究院掛牌儀式，於是筆者隨一眾嘉賓專程前往參加活動。

百歲高齡的饒宗頤教授在親友的扶助下親臨現場，深大禮堂內，座無虛席，兩邊站滿與會者。饒老坐在椅上，精神尚好，向來賓和當地領導舉手示意……

饒宗頤教授依然渾身透射著智慧光芒，其孜孜不倦於學問研究的精神，對傳統文化傳承的使命感貫徹一生的追求，讓到訪者由衷地感到敬佩，相信他的深思遠見，影響著香港的過去乃至未來，譽他為香港的文化翹楚、時代巨擘，確是實至名歸！

1949 年移居香港的饒老，任教香港大學。2003 年香港大學修建饒宗頤學術館致力國學研究，它既是一座寓私於公的藏書樓，更是全球漢學界的學術文化交流中心之一。饒老將其個人數十年來勤於學術研究而積累下來的藏書，包括許多珍貴古籍善本，以及近 200 件書畫作品贈予香港大學，扶掖後輩。

2012 年 6 月 22 日，饒宗頤文化館開幕。這是香港特區政府發展局「活化歷史建築夥伴計劃」的首批活化項目，以「香港文化傳承」為主題，展開

▲ 2000 年，饒宗頤教授（右二）與任繼愈教授（右一）、季羨林教授（左二）、周一良教授（左一）在北京。

保育、重新規劃及活化的工作。

　　中華文化是中華民族的血脈和靈魂，在世界大格局下，饒老對中華文化如何定位，如何對外傳播、展示等，提出要建立「新經學」的建議，有助於建立民族文化自尊心和自信心。

　　東西方文明的對話、交流、互鑒、融匯，饒老豐富的學養和治學理念、做人態度及人格魅力影響著一代又一代人⋯⋯

究天人之際　通古今之變

　　在饒宗頤的世界裡沒有東方、西方的鴻溝，沒有古代、現代的裂隙。他的開放精神首先體現於他對所有異國文化都具有各方面的學識，稱得上是位「百科大師」。他曾十幾次去巴黎與法國漢學家一起進行研究活動，先後在新加坡、印度、法國、美國、日本等地的大學講學或做研究。上世紀 80 至90 年代饒老專程赴印度、斯里蘭卡、緬甸、泰國和柬埔寨等國旅行以了解各

地文化。饒老治學 80 餘年，足跡遍布五大洲。

於上世紀 60 年代，饒老已開始研究敦煌經卷在學術及藝術上之影響，80年代曾走訪敦煌，東學西漸，通觀互補，關切文明走向，在敦煌學領域造詣不凡。早在上世紀 70 年代他就提出了「海上絲綢之路」的概念，與當前國家「一帶一路」倡議不謀而合。他對海上交通歷史極有研究，考證出很多航海路線。香港講粵語、閩南語、潮州語的族群為數眾多，「一帶一路」沿線東南亞國家頗多講閩南語、潮州語族群，透過香港，可加強與「一帶一路」沿線各國和地區的民間外交、文化往來。

享受煩惱　昇華人生

饒老的「藏書齋」珍藏著他眾多的學術「寶貝」，他稱這些寶貝終有一日定能發揮作用，讓後來者承接。

筆者問及饒老對煩惱的態度，他當即回應：享受煩惱！不急不躁，不煩何惱？人生在世，怎無煩事？饒老輕描淡寫地重複：享受煩惱！

「享受煩惱」的饒宗頤在為人、修學中形成自己的「三重境界」。第一重：漫芳菲獨賞，覓歡何極；第二重：看夕陽西斜，林隙照人更綠；第三重：紅蕣尚佇，有浩蕩光風相候。

饒老能成就為一代國學鴻儒，在於他專注學問，自由地研究學問。

美妙哲學，智慧之長，昇華人生，無尚境界！饒老對敦煌學、佛學、禪學的參悟令他得到真正超脫。饒老強調要想得開，轉化煩惱為生命動力，享受其於個體之上的感悟。

享受孤獨，注重內在，這便是饒宗頤常提到的「葫蘆」裡的人生。

饒宗頤剖析說：「一熱鬧就不能冷靜，不能冷靜就不能看問題，不能解決、研究問題。因為一熱鬧，時間、精神就都向外發洩掉了。」他崇尚的是「空山多積雪，獨立君始悟」的境界。他抱定的是「萬古不磨意，中流自在心」

▲創作中的饒宗頤教授。　　　　　　　　　（照片由香港大學饒宗頤學術館提供）

的信念。

　　誰都知道饒宗頤彈得一手好古琴。摯愛古琴的他告訴筆者，近年年紀大手指不聽使喚，他熱衷的古琴很少彈了，但他仍然堅持寫書法，就是想讓手指更靈活。

　　「眼界高時無物礙，心源開時有清波。」人品重德，德立品高；世事重道，道法自然；精神重靜，靜能生慧。縱觀饒老一生給予後輩們的人生指南，願年輕一輩都能對自己的生命有一個重新的認識。

　　「風雅歸故里，中西鑄黌宮。」饒宗頤立足於傳統文化的豐饒之海，淵博古樸、靈動多變，對中國文化「自覺、自尊、自信、自立」的宏願抱負，對學問「求實、求真、求正、求圓」的精神境界，激勵著每一位學子，傳承中華文化傳統，弘揚民族文化精神，同心共築中國夢！

後記

今年正值香港回歸祖國 20 周年，回顧過去的 20 年，香港自身特色和優勢得以保持，中西合璧的風采浪漫依然，活力之都的魅力更勝往昔。這不僅是「一國兩制」在香港的成功實踐，也是一代代香港人秉承獅子山精神，努力奮鬥而共同取得的成就。

當然，作為一項前無古人的開創性事業，「一國兩制」在香港的實踐遇到一些新情況、新問題，也經歷了一些矛盾和曲折。但是，我們仍然認為香港的未來是充滿希望的，更為慶幸的是，香港絕大多數人和我們一樣，也對香港的未來充滿了信心，把這種信念與憧憬傳播出去，則是我們編寫這本書的初衷。

在此，我們非常感謝書中受訪者對我們工作的支持，他們真誠地與我們分享了他們這 20 年來的不平凡經歷，以及對香港下一個 20 年的展望，讓我們受益匪淺。然而因為時間的關係，我們很遺憾沒能採訪到更多的時代巨擘，從而把更多的「香港故事」呈現給讀者。但我們相信，這一切的人與事都已被歷史記載，留存在香港人的心間，並激勵一代又一代的香港年輕人繼續譜寫出不一般的香江傳奇。

同時，我們亦非常感謝香港友好協進會、香港各界文化促進會、北京征和開元控股有限公司、北京天月盛世茶葉有限責任公司、綠色莊園產業控股有限公司、Uber Asia Limited 對本書的支持。還有很多參與本書策劃、編寫和出版工作的同仁們，對你們的辛勤勞動，我們深表謝意。

最後，謹以此書作為香港回歸祖國 20 周年的獻禮。

《時代巨擘——他們眼中的香港二十年》編委會
2017 年 8 月

《時代巨擘——他們眼中的香港二十年》

編委會

主　任：　楊　勇

成　員：　許俐麗　　刀書林　　張春生　　許上福

主　編：　張春生

策劃編輯：　楊　彬　　蘇　藝　　顏麗儀

責任編輯：　胡卿旋

助理責編：　洪巧靜

美術編輯：　陳曉琳

出版發行：　紫荊出版社

地　址：　香港上環干諾道中 200 號信德中心西座 10 樓 1001 室

電　話：　(852) 2858 3902　傳真：(852) 2546 4582

印　刷：　美雅印刷製本有限公司

版　次：　2017 年 8 月第 1 版

開　本：　787mm X 1092mm　1/16

國際書號：　ISBN 978-988-15579-6-4